39611

ANCIEN

COUTUMIER INÉDIT

DE PICARDIE.

(1500 à 1525.)

Les coutumes au moyen-âge n'avaient pas encore subi les altérations qui résultèrent de la ruine du gouvernement féodal, et qu'elles éprouvèrent dans les rédactions des xve et xvie siècles.

Journal des Savants, janvier 1840, p. 56.

Paris. — Imprimerie de SCHNEIDER ET LANGRAND, rue d'Erfurth, n. 1.

ANCIEN
COUTUMIER INÉDIT
DE PICARDIE,

CONTENANT

LES COUTUMES NOTOIRES, ARRÊTS ET ORDONNANCES

Des Cours, Assises, et autres juridictions de Picardie,

AU COMMENCEMENT DU QUATORZIÈME SIÈCLE

(1300 à 1325.)

Publiés d'après le manuscrit français n. 9822-3 de la Bibliothèque royale,

PAR M. A. J. MARNIER,

Avocat et Bibliothécaire de l'ordre des avocats à la cour royale de Paris ;

AVEC UN GLOSSAIRE, UNE TABLE ALPHABÉTIQUE DES NOMS DE PERSONNES ET DE
LIEUX, ET UNE TABLE ALPHABÉTIQUE DES MATIÈRES.

PARIS,

TÉCHENER, LIBRAIRE,
Place du Louvre, 12.

JOUBERT,
rue des Grès, 14.

DURAND,
rue des Grès, 3.

DELAMOTTE,
place Dauphine, 27.

1840.

INTRODUCTION.

La difficulté d'écrire l'histoire du droit au moyen âge résulte du défaut de documents. Une immense lacune signale la partie la plus intéressante de cette époque. Quelles lois suivaient nos ancêtres dans les siècles qui ont précédé la rédaction des coutumes? Comment ont-ils passé du système des lois barbares (1)

(1) L'illustre et savant académicien M. Pardessus, aux conseils et aux encouragements duquel nous devons beaucoup, s'occupe en ce moment d'une publication d'anciens textes de la *loi salique* et de la *lex emendata*, collationnée sur un grand nombre de manuscrits, avec un commentaire.

au régime coutumier? Comment se sont mêlés dans la législation les éléments divers agglomérés sur notre sol? Il n'existe pour répondre à ces questions que de rares monuments. Aucun corps de droit ne réunissait alors les éléments épars de la législation. Des usages, fruits des besoins sociaux ou de longues habitudes, recueillis dans les ouvrages de quelques jurisconsultes, dépourvus de toute autorité législative, constatés par des arrêts qu'on se contentait de confier à la mémoire des hommes, formaient le droit civil de la nation; droit profondément altéré déjà par l'influence excessive du droit romain, lorsque les coutumes furent rédigées (1).

Il importe donc de se hâter de recueillir ces ouvrages

(1) « Je suis convaincu, dit Klimrath (*Mémoire sur les olim*, int. p. 2), « que l'époque décisive pour l'intelligence de notre ancien droit coutumier, « est l'époque féodale... Nous avions alors une société constituée, des insti- « tutions arrêtées, des coutumes rédigées, tandis que l'époque barbare « n'offre encore que les rudiments grossiers de tout cela. Les temps plus « modernes, au contraire, ne laissent déjà plus apercevoir des coutumes « que des débris altérés par la prépondérance excessive du droit romain. » « Lors de la rédaction des coutumes, lit-on dans le *Journal des Savants* « de janvier 1840, le gouvernement féodal avait subi de grandes altéra- « tions. » Il n'en était pas de même lors de la composition du coutumier que nous publions. C'est précisément tout ce qui se ressent des coutumes et us judiciaires du moyen âge que les commentateurs déclarent abrogé dans la *Coutume de Ponthieu* rédigée en 1495. Voyez le *Commentaire* de Duchesne mis en ordre par Delegorgue, art. 86, 166, 157, 158, 182, 156, etc. ; Abbeville, *Cout. locale*, art. 9, 15, 19, 27, 31, 52, etc.

qui, sous le nom de coutumiers, contiennent ou des arrêts de nos anciennes cours, ou les coutumes et la pratique judiciaire de quelque ville, province ou comté. Il importe surtout de sauver ceux qui, écrits dans le langage naïf de nos pères, au lieu d'être rédigés dans le latin barbare du temps, n'offrent pas moins d'intérêt sous le rapport de la littérature que sous celui du droit.

Par malheur ils sont en petit nombre. Plusieurs dont parlent Charondas, Choppin et d'autres encore, ne se retrouvent plus (1).

Nous avons entrepris d'arracher quelques-uns de ceux qui restent à la poussière des bibliothèques et aux ravages du temps. Encouragés par l'accueil bienveillant fait à nos coutumes et arrêts de l'échiquier de

---

(1) « L'autorité d'un coutumier, dit encore Klimrath (*Mémoire sur les* « *monuments inédits*, etc., pag. 14, 15), n'était pas limitée exclusivement « à un certain ressort, à un territoire particulier. Comme il ne contenait « point de dispositions absolues et impératives, mais de simples conseils, « des solutions proposées aux juges et aux parties qui les adoptaient ou les « rejetaient suivant les cas, l'analogie profonde de toutes les coutumes « françaises et l'identité de leurs principes généraux, permettaient, moyen- « nant un simple changement de nom, d'adapter à l'usage de plusieurs lo- « calités ce qui n'avait été destiné originairement qu'à une seule. » C'é- taient donc de véritables traités de droit que tout Français pouvait consulter. C'est à peu près ainsi que de nos jours certains peuples voisins prennent nos codes et les approprient à leurs usages à l'aide de légers changements.

Normandie (1), nous nous sommes déterminés à publier cet ancien coutumier de Picardie.

OEuvre d'un jurisconsulte dont le nom n'est pas même parvenu jusqu'à nous et rédigé dans un intérêt purement privé, ce n'est que par conjecture qu'on peut reporter au premier quart du quatorzième siècle l'époque de sa rédaction (2). La date des arrêts qu'il contient rend d'ailleurs cette opinion peu douteuse.

Il se compose de trois parties distinctes : la première et la plus importante es un recueil d'arrêts, et d'ordonnances des cours et tribunaux dans le genre de celles qui ont été connues plus tard sous le nom d'arrêts de règlements; la seconde est une coutume de Ponthieu, de Vimeu et autres lieux; la troisième est la coutume ou usage de la ville et cité d'Amiens. Les trois parties sont en français.

Les arrêts qui forment la première partie dé ce recueil sont importants, nous l'avons déjà dit, parce qu'ils font connaître les lois, c'est-à-dire les coutumes de l'époque où ils furent rendus. Il n'y avait pas pour les jurisconsultes, en effet, de meilleur moyen de constater l'existence des coutumes que de recueillir les

(1) Paris, Techner, 1859, 1 vol. in-8°.
(2) Voyez Klimrath, *Mémoire sur les monuments inédits de l'histoire du droit français au moyen âge*, pag. 60.

arrêts dans lesquels on les appliquait (1). Leurs recueils faits par eux et pour eux-mêmes, cessaient ainsi d'être leur œuvre personnelle et acquéraient une sorte d'autorité législative.

Pour nous la législation ainsi présentée s'anime et se vivifie, les formes inséparables du fond du droit nous apparaissent en même temps que lui, nous entendons les parties énoncer dans leur langage leurs prétentions respectives, et nous assistons en quelque sorte au jugement qui les termine. Par malheur les motifs des décisions sont souvent exprimés avec une excessive brièveté. Beaumanoir nous en donne naïvement la raison : « Quant l'en rend jugement, dit-il, il n'est pas « resons de tout recorder che qui fut proposé des deux « parties..... ainchois est péril de recorder tout, car « quant chil qui prononche li jugement dit et recorde « le procès dou plèt, nous avons veu que la partie qui « se doutait d'avoir jugement contre li, disoit que li « plaidoié n'avoit pas été fait tix, ainchois avoit « été autre et disoit en quoi ; et pour cel débat, il con- « venoit de tarder le jugement dusques à tant que le « recors du plaidoyé soit fait... Doncques ne doit l'en

---

(1) Beaumanoir en rapporte un grand nombre dans sa *Coutume de Beauvoisis* ; il ne les date pas, mais comme son ouvrage est de 1283, ils ne sauraient être postérieurs à cette époque.

« pas tout recorder, ainchois suffit... en cheste ma-
« nière : P. et J. plaidoient ensemble seur le saisine
« d'un tel hiritage ou sur telle chose sur quoi li plès
« est ; chacune partie a proposé resons pour soi, leur
« resons oïes et apuiées en jugement, nous disons par
« droit que P. emporte le sesine ou le propriété de
« che dont plès estoit. (1) »

Heureusement pourtant on ne s'en tenait pas toujours
à cet extraordinaire laconisme, et lorsqu'aux motifs
rapportés dans les jugés on ajoute : *et par plusieurs
autres raisons,* il est permis de croire que les plus im-
portantes sont rapportées, et qu'on omet seulement
celles qui n'avaient servi qu'accessoirement à former
la conviction des juges.

Les arrêts contenus dans notre coutumier de Picardie offrent d'ailleurs un intérêt tout spécial et qui doit
peut-être leur faire donner la préférence sur ceux de
l'échiquier de Normandie que nous avons précédem-
ment publiés. Beaucoup d'arrêts de cet échiquier se
trouvent rapportés dans les *olim.* Cette province appartenait à la couronne et son échiquier était souvent pré-
sidé par un juge délégué du parlement de Paris (2). Il

---

(1) Chap. 67, page 343, al. 2.
(2) Klimrath, *Mémoire sur les olim*, page 64 et suiv.

n'en était pas de même de la cour de Ponthieu séant à Abbeville. Cette province, au commencement du quatorzième siècle, appartenait au roi d'Angleterre (1), la forme de procéder devait donc différer de celle observée au parlement de Paris. En effet, tout y était laissé au jugement des hommes, et la jurisprudence se ressentait plus des mœurs antiques que celle de la cour du roi à Paris.

La seconde partie contient les coutumes de Ponthieu, de Vimeu, des châtellenies du bailliage d'Amiens et autres lieux. Les principes qui y sont exposés découlent la plupart des arrêts qui précèdent ; il s'y trouve cependant beaucoup de matières nouvelles, telles, par exemples, que celles développées dans les chapitres des obligations, des testaments, des défenses ou cavillations, etc.

Nous avons déjà dit que cette coutume ne saurait être rangée au nombre des dispositions législatives émanées d'un pouvoir constitué ; qu'elle n'est rien autre chose qu'un traité de droit composé pour lui-

---

(1) Éléonore, infante de Castille, en épousant Édouard Ier, roi d'Angleterre, lui apporta en dot le comté de Ponthieu. Il échut à Édouard II en 1307 ; à Édouard III en 1326. Le 14 mars 1380, il fut confisqué et réuni à la couronne de France. (Brunet, *Abrégé chronologique des grands fiefs*, pages 26, 27.)

même par un jurisconsulte de cette époque sur les coutumes notoires (1), les arrêts des tribunaux et les ordonnances des cours ou autorités supérieures; cette observation s'applique également à la troisième partie.

Celle-ci est intitulée : *ce sont les coutumes et usages de la cité d'Amiens*. Klimrath l'analyse ainsi : « Il se trouve « ici une suite d'articles sur la juridiction du maire et « des échevins de cette ville, et les limites de cette juri- « diction avec la justice temporelle de l'évêque ; sur « l'élection du maire et des échevins, et la nomina- « tion aux divers offices de la ville ; sur les mayeurs « des bannières des divers corps de métiers ; sur les « coutumes locales d'Amiens relatives au douaire, aux « successions, aux testaments, au retrait lignager (2) ; » nous ajouterons aux servitudes de mur et de gout- tière.

Au moyen âge il existait quatre principales sortes de justices : celle de l'église, celle du roi, celle des sei- gneurs et celle des villes ou communes. Nous avons ici un exemple des règles qui régissaient cette dernière justice. Elles sont d'autant plus précieuses, que partout où il y avait des communes les mêmes règles étaient ob-

(1) C'est-à-dire qui, par expérience et par la jurisprudence pratique, étaient à la connaissance de tout le monde. Voyez ci-après page 126, al. 1.

(2) *Monuments inédits*, etc., p. 59, 60.

servées. Nous ne pouvons nous empêcher de rapporter ici les réflexions judicieuses de MM. Dusevel et Scribe sur la même matière relativement à la commune d'Abbeville, dans leur description du département de la Somme, t. 1er, p. 18.« Ce mode d'élection
« n'était, disent-ils, parvenu aux formes établies qu'a-
« près de longs tâtonnements ; car il présentait tous
« les avantages du gouvernement démocratique sans
« ses dangers. Le peuple, abandonné à lui-même dans
« le choix de ses représentants, est exposé à en faire de
« mauvais : il arrive en masse, se passionne souvent
« pour des réputations usurpées de talent et de patrio-
« tisme et se livre à un amour effréné de libertés mal
« définies, plutôt que de s'occuper de ce qui touche
« immédiatement son bien-être. Ce danger était évité
« par l'élection des mayeurs des bannières, qui avaient
« uniquement en vue la prospérité individuelle de
« leur corporation, etc. »

Ce coutumier nous paraît un exemple frappant de la marche de la procédure de cette époque. On y voit, comme nous l'avons déjà dit, les parties barroyant (débattant) publiquement et de vive voix leurs causes à l'audience, et cela jusqu'à ce que l'une d'elles mette en *ni* (1) l'assertion de la partie adverse. Aussitôt la

(1) Voyez pour exemple le jugé 75.

preuve en est admise. C'est, suivant les cas, ou le simple serment de l'une des parties, ou son serment corroboré par celui des garants, ou l'exhibition d'un titre authentique. Le combat judiciaire, comme on sait, était réservé pour les causes criminelles, pour celles de grande importance et si douteuses, qu'elles n'étaient susceptibles d'aucune preuve. Dans d'autres circonstances, l'affaire était mise en enquête, on nommait des auditeurs (1), qui entendaient les témoins, recueillaient tous les renseignements ; et toujours la cour prononçait le jugement au profit de la partie qui avait le mieux prouvé (2).

Une des parties faisait-elle défaut, on procédait ainsi : En fait de cause mobilière, de saisine ou de possession, un seul défaut de la part du demandeur et quelquefois du défendeur le rendait non recevable. Pour les procès où il s'agissait de choses immobilières, trois défauts de quinzaine en quinzaine, et un quatrième avec intimation pour en adjuger les profits, faisaient perdre irrévocablement son affaire à la partie défaillante (3).

---

(1) Voyez le jugé 60.

(2) Voyez Klimrath, *Mémoire sur les olim*, pages 3, 4.

(3) Voyez pages 117, 119, art. 6 et 7, et la table de l'ouvrage au mot *Défaut.*

Entre les matières dont traite ce coutumier, celle de l'offre au plus prochain héritier, en cas de vente de fiefs, nous a paru très-bien expliquée, et je doute qu'elle le soit aussi bien ailleurs. C'est pour cette raison sans doute que De Laurrière en rapporte un long passage dans son glossaire, aux mots *Offrir aux proismes*.

Les affaires y sont toujours décidées par les hommes ou jugeurs, institution qui nous paraît être l'origine de notre jury moderne. On ne recevoit pas parmi eux les premiers pairs des parties qui se présentaient, il fallait avant tout qu'ils fussent prud'-hommes (1).

D'un autre côté, s'ils jugeaient mal, la partie contre laquelle ils s'étaient prononcés attaquait leur jugement de faux et de mauvais, et les faisait condamner à soixante livres d'amende, s'ils étaient hommes liges; à soixante sols, s'ils étaient hommes de poesté; et si c'était au criminel, elle pouvait les prendre à partie en offrant son gage : elle le pouvait également

---

(1) C'est-à-dire hommes sages, prudents, instruits. Voyez dans Beaumanoir (*Coutume de Beauvoisis,* chap. 67, 68) les causes de récusations que l'on admettait contre eux.

au civil, lorsqu'elle ajoutait à son appel un vilain cas (1).

Le manuscrit d'où nous avons extrait ce coutumier appartient à la Bibliothèque royale, où il porte le n° 9822-5. Il est in-4°, et provient de la bibliothèque de J. Bigot. Dans le catalogue de cette bibliothèque, imprimé en 1706, il est placé sous le n° 287, partie des manuscrits. Les armoiries de J. Bigot se trouvent sur la couverture et sur la marge du bas de la première feuille (2). La reliure du livre est en carton recouvert en parchemin; ce n'est pas la première, car des notes anciennement faites sur une feuille de garde, après les *Établissements de saint Louis,* ont été tranchées par la rognure.

La première pièce du manuscrit est l'ancien coutumier connu sous le nom d'*Établissements de saint Louis.*

La seconde est la coutume d'Artois, qu'Adrien Mail-

_____

(1) Beaumanoir, chap. 67, page 557, *in fine.*

(5) Telles qu'elles sont dans le manuscrit, elles n'indiquent ni les métaux ni les couleurs, mais *il portait d'or au chevron de sable accompagné de trois roses de même.*

Dans d'autres manuscrits de Bigot, tels que le n° 7482-2 de l'ancien fonds français, le chevron est chargé d'un croissant. C'est peut-être une brisure comme cadet.

lart a publiée en tête de ses coutumes d'Artois; ce n'est, à proprement parler, qu'un remaniement du conseil de Pierre de Fontaines. Mais il paraît que ces textes sont bien différents de ceux qui ont été imprimés, car Klimrath les avait copiés de sa main, dans l'intention de les faire imprimer.

Le troisième document est le coutumier de Picardie, que nous donnons au public.

L'écriture de ce manuscrit est une belle minuscule du quatorzième siècle, fort aisée à lire; le langage en est picard. Les titres sont en caractères rouges, et les grandes lettres gothiques alternativement rouges et bleues. On lit à la fin du livre, sur la dernière feuille : *Che livre chy est à Hugues d'Auxi, et le à acheté à Yde Varin.* Signé *Hugues d'Auxi,* avec paraphe. On a passé cinq barres sur cette écriture, ensuite on lit : *Jacobus Perierius Constantinas, Rothomagens practicus jure venditi me possidet, anno* 1549. Signé *Perierius,* avec paraphe. Ces écritures cursives paraissent être, la première du quinzième siècle, la seconde du seizième siècle. Hugues d'Auxi était certainement de la famille de ce nom, dont une branche s'est fondue dans celle d'Egmond, et dont il est parlé dans cet ouvrage, pages 75 et 74.

Il ne me reste plus qu'à remercier MM. les membres du conservatoire de la Bibliothèque royale, qui m'ont autorisé à publier ce manuscrit; MM. les avocats qui m'ont encouragé par leurs conseils, et particulièrement M. André Borel, élève distingué de l'École des Chartres, qui a bien voulu m'aider de ses lumières, comme il avait fait pour la publication des établissements de Normandie.

COUTUMES NOTOIRES,

ASSISES ET ORDONNANCES,

Des Cours et Tribunaux de Picardie,

AU COMMENCEMENT DU QUATORZIÈME SIÈCLE.

I. COUSTUMES NOTOIREMENT APROUVÉES EN LE COURT DE PONTIEU, DE VIMEU, DE BAILLIE D'AMIENS ET EN PLUSEURS AUTRES LIEUS.

(Amende de 60 livres prononcée contre des hommes liges qui avaient fait mauvais jugement.)

En l'an de grace mil ccc. et u mois de février fu rendu par jugement en le court de Bouberc par xxxvi. hommez liges, liquel s'estoient consillié (1) par

----

(1) Les causes n'étaient guère mises pour conseiller qu'en cour supérieure et souveraine.

(KLIMRATH, *Mémoire sur les olim.*, p. 68).

grant délibération en le assise d'Abbeville, d'Amiens et ailleurs, et par pluiseurs personnes qui l'avoient veu jugier en le assize de Abbeville, que li home d'Ally qui avoient fait maulvais jugement se passeroient tout ensamble par XL. libres paiier au signeur de Bouberc en quel court li jugemens avoit esté corrigiés.

(Amende de 60 sols prononcée contre hommes de poesté qui avaient fait mauvais jugement.)

Item fu prononchié par ches meismes hommez de Bouberc, que li homme d'Aisenviler qui avoient eu jugement contre aulz de che qu'il avoient fait mal (mauvais) jugement en le court de Aisenviller, si comme par le court de Bouberc avoit éste prononchié, qu'il se passeroient par LX. sols (paiier) envers le signeur de Bouberc, pour che qu'il estoient homme de poesté.

Item fu le dicte coustume aprouvée en le court de Le Ferté d'encoste Saint-Riquier, el cas des hommes de Gaspanes qui avoient esté a tant (atteints) d'avoir fait malvais jugement en l'erremement meu de Jehan Roussel et de ses frères. Et fu fait en l'an mil CCC. XI.

(Homme accusé de crime qui se sauve de sa prison est pendu.)

Item le coustume de Pontieu, de Saint-Waleri, de Bailloeul et de le Baillye d'Amiens en pluiseurs lieus est tele que se uns homz est tenus pour cas de criesme et pour che soit mis en prison, et il brise se prison et s'empart sans congiet de justiche et soit reprins hors de se prison, il est pendaules tout aussi bien comme se il eust le fait connut ; et che a esté jugemens fais en Pontieu du bastart de Bachimont qui en fu pendus et traynés ; et à Bailloeil de I. vallet de Domperre, et à Saint-Waleri de I. maronnier que on appeloit Platel ; et à Flexicourt de I. vallet de le ville (1).

II. DE CAS DE CRIESME.

(Procédure pour absoudre ou bannir en cas de crime, selon la coutume de Ponthieu.)

Item par le coustume de Pontieu se uns homs est appelés en cas de criesme, il convient qu'il soit sommés par serjans et par homes, et par adjornement de tierch jour en tierch jour par III. quinzaines et mis en défaute par hommes et par justiche, et radjournés par se quartre quinzaine pour avoir se délivranche ou sen ban. Et convient que tout li adjornement et li deffaut soient tout recordé par devant les hommes en le assize, et puis sur che on banist. Et se il y faut un des adjornemens ou des deffaus qui n'i soit mis, on ne le banist mie et convient qu'il soit reffais le journée de coy on ara deffaly, et li deffaus se il n'i a esté mis : De che est le coustume anchienne aprouvée par pluiseurs jugemens (2).

(1) Voyez *Coutume de Beauvoisis*, par Beaumanoir, chap. 30, p. 150, chap. 31, p. 166 ; et la *Somme rurale* de Bouteiller, liv. 2, tit. 6, *in fine* : Les *Inst. Cout.* de Loisel, liv. 6, tit. 1, règ. 48, et ci-dessous jugé 54.

(2) Voyez *Cout. de Ponthieu*, par Delegorgne, art. 156 et suiv.

III. D'ENFANS DEMOURANS SANS PÈRE.

(Procédure pour bannir selon la coutume de Saint-Walleri.)

Item le coustume de le terre Saint-Walleri qui est
au conte de Dreuës est tele : que se uns homs est appellés en cas de criesme de tierch jour en tierch jour
et souffissamment adjornés par sergans sermentés,
hommes liges présens, et lez journées des tierchainnes
wardées, et les deffaus prins par justice à III. tier-
chaines wardées et jugiés par hommes, on le poet et
doit bannir selonc le dicte coustume, et fu li cas
jugiés de le personne de Bousseville de coi se maison
fu arsse du tamps me sire Robert de Chastillon adonc
Baillieu, et depuis du tamps de le bataille Pierre
Petit pour le fil Gille Inbat qui estoit sievis de
asseūrement.

(Cas de succession du père aux enfants, et d'un des fils à l'héritier.)

Item les coustumes des lieus dessus dis sont telles
que se enfant demeurent après le mort de leur père, il
l'aront (1) à conté de enfans selonc le portion du quint
à vie ; et se il en moert aucun, le portion de li vient
à l'oir et ne mie as autres enfans. Et che fu jugiet à
Saint-Waleri de Fremin Inbat.

(Coûtume approuvée par soixante-quatre hommes.)

Item fu le dicte coustume aprouvée par LXIIII.

(1) Ils prendront de son héritage.

hommes que clers que autres en le cause de me sire
de Biauval et de sez sereurs et fu à Amiens l'an mil
ccc et noef.

IV. D'APEL DE GRIEF ENTRE SIGNEUR ET HOMMEZ.

(Entre le seigneur et son homme il n'y a point d'appel de grief excepté de
défaut de droit ou de mauvais jugement.)

Par le coustume des liex dessus dis entre hommes
et signeur n'a point d'apel de grief fors des défaut
de droit ou de mauvaiz jugement (1), le quelle cose
fu aprouvée el cas du conte de Pontieu et de le ville
de Abbeville et jugiet en parlement l'an m. ccc. viii.

V. DE OPPOSER QUITANCHE OU PAIIEMENT.

(Lorsqu'on a nié une dette ou une obligation et qu'elle est prouvée, on ne
peut ensuite opposer une quittance de paiement.)

Par le coustume des lieux déssus dis, se demande
est faite contre aucun en disant qu'il ait eu en convent
de faire paiement de une debte ou d'aucune cose
avoir donné ou obligié, et il nie la convenenche, le
don ou l'obligation ; et se che estoit prouvé, et chis

---

(1) On pouvait appeler dans la France féodale, mais à une condition : c'é-
tait dé faire de l'appel une accusation criminelle contre le juge. Et en effet,
au moyen âge, appel signifiait accusation ; appeler était synonyme d'accu-
ser. Si l'accusation était fausse, c'était félonie, et le vassal perdait son fief;
si l'accusation était juste, c'était, de la part du seigneur, un manquement
de foi réciproque qui constituait le lien féodal, et il en perdait son homme :
celui-ci désormais devait tenir sans moyen du seigneur supérieur.(*Établiss.*,
chap. 81, liv. 1 ; H. KLIMRATH, *Monuments inédits du droit*, etc ,
p. 59).

voelle proposer quitanche de qui il dist l'obligation estre faite de puis le tamps de le dicte obligation le quelle il a nié ; et chieux voelle dire que il n'i fait à recepvoir a le quitanche proposer quant il li a nié sen fait : chis n'i doit estre oys qui le quitanche propose quant il a le fait de sen adversaire nié (1). Et fu jugiet en Cayeu u tamps de mesire Jehan de Caisnoy, et à Abbeville u cas de Mahieu de Espaigne.

VI. GÉNÉRAL COUSTUME EN CAS DE BAIL DE SIGNEUR DE DÉSAGIÉ.

(Le baillistre doit donner caution qu'il ne marrira pas le mineur sans l'avis des amis communs ; et qu'il le délivrera de tout ce qu'il est tenu de le délivrer.)

Premier, selonc le général coustume de Pontieu, de Vimeu et de le baillie d'Amiens, quiconques prent bail de désaagié, il doit faire seur par devers le signeur de qui li fiés est tenus, et par deverz les amis communs du désagiet, qu'il rendra l'enfant à sen aage (2) désalié de toutes alianches, se par les amis communs n'est aliés.

Item, que il délivrera l'enfant de tout che que baus poet, et doit estre délivrés au tamps de sen aage.

(1) Voyez Beaumanoir, *Coutume de Beauvoisis*, chap. 6, p. 46, troisième alinéa.

(2) A sa majorité.

VII. CH'EST CHE QUE BAUS DOIT FAIRE SELONC COUSTUME DE PAIIS.

(Le baillistre dessert les fiefs à ses frais; il doit payer les dettes, avis, et lais échus pendant le bail; il doit entretenir les couvertures des maisons; il peut améliorer et non détériorer; il ne peut tirer de la tourbe des tourbières qu'une seule fois; il ne fait pas siens les profits des terres chargées de cens; il doit donner caution de les rendre à fin de bail.)

Premier, il doit lez fiefz desservir par devers les signeurs à sez cous.

Item, il doit délivrer le désaagié de debtes et d'avis de père et de mère de quoy li terme eskieent u tamps de sen bail. Et de che s'est cas offert en l'an mil ccc et x en parlement à Paris par arrest, ch'est assavoir de me demisiele de Le Ferté et de me dame de Vendoel. Sur che que me demisiele de Le Ferté se opposoit que me dame de Vendoel le debvoit délivrer de xxviii. c. libres du lais de me sire Mahieu de Roye fait à se file pour che que le dicte dame avoit esté baus de Mahieu de Roye, et li xxviii. c. libres estoient eskeu u tamps de sen bail. Le dame li nia le coustume. Le demisiele l'offri à prouver, et en furent bien oy lx. homme que clerc que lai, tant de Vermandois comme de le baillie d'Amiens, et sur che l'enqueste fu raportée à le court; et par mi che fu rendu par arrest en le court de Franche que tant par droit que par lez coustumes prouvées, le dicte dame debvoit délivrer le dicte demisiele des xxviii. c. libres pour che qu'il estoient eskeu u tamps de sen bail.

Item, par les coustumes des lieus dessus dis baulz doit retenir les maisons de pel et de verge, et de couvreture. Et de che fu sentence renduë entre le signeur de Seignevile et Perron de Brimeu à Saint-Walleri en plaine court.

Item, que, selonc le coustume des lieus dessus dis, baus poet acroistre pour le désaagiet, mais amenusier ne poet-il tant que (il jouit) des hyretages du désagié.

Item, selonc le coustume des lieus dessus dis, baus poet tourber 1. point ès mares du désaagiet et nient outre, selonc les dictes coustumes, car, se il tourboit plus, li hoirs seroit deshyretés à grant tamps. Et che fu rendu par sentence diffinitive, par grant délibération à Saint-Walleri u cas du signeur de Seigneville et de Pierre de Brimeu.

Item, se aucuns a le bail de désaagiet de coses qui sont de fief, et chieus désagiès ait terrez chensieves, li baus n'emportera mie les pourfis de le terre chensieve comme sienz, mais il les ara par boine seurté à rendre u tamps de l'aage à l'enfant selonc le coustume. Et en fu jugemens fais en Cayeu u cas du signeur de Toeuflez et de Willame de Waudricourt qu'il l'avoit em bail ; et en l'esquevinage de Abbeville, selonc le coustume foraine u cas de Colart de Cauberc et du fil Fremin sen frère (1).

(1) Voy. Beaumanoir, chap. 15, p. 92, al. 1er ; chap. 16, p. 94, sixième al.

VIII. DEMANDE DES DÉSAGIÉS PAR PROCUREUR.

(En cas d'héritage, dont on est saisi, on n'est pas tenu de répondre au procureur du mineur.)

Se aucuns désaagié fait procureur en cas de hyretage contre aucun qui en soit en saizine, et chis qui est saizis die qu'il n'est tenus de respondre au désaagié pour che qu'il porrait perdre et nient wagnier à li, et li désaagiéz n'en tenroit point (compte) quant il venroit u tamps de sen aage, se il ne volait selonc le dicte coustume ; il n'en respondra mie devant que li enfes ara aage. Et che fut jugié à Saint-Waleri en l'abeye u cas Jehan Guilebelée qui n'avoit mie aage contre Wautier Legové ; et en l'esquevinage de Abeville selonc le coustume foraine u cas Hue le Flamenc et des enfans Jehan Tueleu (1).

IX. DES ACQUESTES, COMMENT ELLE SONT DEMENÉES PAR COUSTUME.

(Les acquéts appartiennent à l'homme et à la femme ; ils peuvent les donner à qui ils veulent : il n'y a qu'un seul hommage s'ils les donnent ensemble, deux s'ils se séparent. Aquest est meuble, il n'y a pas de rachat.)

Toutes fois que 1. hom et une femme acquièrent en sanle, tant a le femme comme li hom, et en doit

(1) Voyez Beaumanoir, *Coutume de Bauvoisis*, chap. 16, p. 93, premier alinéa.

goir après sen décès, se elle veut, sans empêchement.

Item, que selonc les dictez coustumes, li hom ou le femme poent donner leur aqueste à qui qui voelent comme leur moeble et catel sans le consentement de leur hoir et vault li dons.

Item, que se li homs et le femme donnent leur acqueste ensanle et soit de fief, il n'ara que un seul hommage; et fu jugié el cas de mesire Mahieu de Bele-perche à Huppi du don que me sires ses pères et se mère li firent de leur acqueste que il avaient faite.

Item, que se li hom et le femme ne donnent leur acqueste ensanlle et leurs volentés se départent, il y ara ii. hommagez par devers le signeur, se che est de fief, selonc le coustume des liex.

Item, se li homs ou le femme qui ont acquis vendent leur acqueste et aucuns proismes voelle venir au racat, il n'enportera nient de proismeche, car acqueste n'est que moebles, si comme dit èst dessus; et s'il le donnoient à autrui que à leur hoir, et chil à qui il l'aroient donné le vendesist, nient plus n'i aroit-il racat donnié se li acquaterres le vendoit. Et de che fu jugemens rendus à Maroeil u cas Engles Delessart et de Gille Le Sueur, de terre que Engles Cacheleu avoit vendu qui donné li avoit esté de sen père.

Item, se il donnoient leur acqueste à leur hoir, ou que il leur esquieche de le formortuaire de sen père et de se mère.

Item, se ch'est de chensel et leur volentés se déperche.

X. DE L'OIR QUI REQUIERT SAIZINE DE HYRETAGE QUI FU SEN PÈRE.

(L'héritier, quand un tiers est en possession de l'héritage, ne doit pas demander la saisine par simple requête, mais bien par une demande devant la justice qui en décidera par jugement.)

Le coustume de Pontieu et de Vimeu est tele que se aucuns est en saizine de hyretage de quoy aucuns ait esté saizis u tamps de se vie, et ly hoirs d'icheli qui saisis a esté fache requeste par devant celle justice de le saizine avoir come drois hòirs de sen père en disant comme de droit commun et de droit naturel le saizine du père est transportée en li ; et li saizis die que en se rekeste ne doit estre oys chieus qui se fait hoirs, se il ne s'adreché par demande faire : et mesment li sires de baillier le saizine n'ait pooir lequelle il n'a mie par devers li, et de le quelle li pères d'icheli qui se fait hoirs s'en dessaisi u tamps de se vie. Le coustume détermine que chis qui demande le saïzine à avoir comme hoirs n'i doit estre rechus, se il ne se fonde par demande, et demourerra chieus saizis qui est en le saizine dusques atant que drois l'en ostera. Chis cas fu déterminé à Villeroye pour Le Couturier de Rebekes contre Denis de Yrechon et par conseil de l'assize de Abbeville qui fu l'an de grâce mil CCC et XI. el mois de mai (1).

_____

(1) Voyez _Instituts Coutumières_ de Loisel, liv. 2, tit. 5, règl. 1ʳᵉ, avec les notes de De Laurière.

XI. DE PERSONNE QUI A FAIT PRISE SEUR SEN FONS EN CAS DE JUSTICHE.

(Homme du seigneur obligé de lui obéir en cas de prise d'une chose sur son
fonds, lorsqu'il lui ordonne de la remettre au lieu où il l'a prise.)

Se aucuns homs a fait prinse subz sen fons en cas
de justiche, et ses sires li commande qu'il meche le
cose au lieu, et li homs die que il n'i soit tenus pour
che que il dist que ch'est ses drois d'avoir y prins, pour
quoi il ne doit remettre le cose au liéu ; et de che re-
quiert-il droit.

§. Le coustume de Pontieu détermine que il le re-
metra au lieu sans préjudice a lieu (lui), et, après le
remise, il y mettera se main, se il veult, et li sirez,
s'il cuident que boin soit, car mains souveraine ne des-
saisist nullui (1). Che cas fu jugiés en le assize de Abbeville contre me dame d'Aubbemalle pour le signeur
de Pontieu, de une bisse qui fu prinse, le quelle me
dame d'Aubbemalle avoit prinse, le quelle dame
estoit hom (2) de Pontieu : et à Saint-Riquier fu jugiés contre Estalon de Fontainez pour l'abbé de Saint-
Riquier, li quelz Estalons estoit homs de Saint-Ri
quier.

(1) Voyez *Institutes Coutumières* de Loisel, liv. 5, tit. 5, règl., 50 ;
Établiss. de saint Louis, liv. 2, chap. 13, in fine.

(2) Ce mot est pris ici adjectivement.

XII. CAS DE WAGE DE BATAILLE.

(L'appelé en gage de bataille qui propose ses exceptions et qui donne ensuite son gage, renonce à ses exceptions.)

Se aucuns homs est appelés en cas de wage de bataille qui voele dire que wagez n'i appartient par aucunez raisons que il propose, et de che requiere droit ; et che droit requis, il va baillier sen wage, se bare devant proposée est nulle par le wage que il a baillié après.

§. Che cas fu jugiés à Doumarc par grant foison de hommes en le cause de Raoul de Aubbemalle contre Colart du Ponchel, l'an mil CCC. XI. (1).

XIII. DE PRENDRE EN LE TERRE DES SUBMIS DE SEN SIGNEUR.

(Sergent se peut avouer s'il en rapporte procuration de son seigneur.)

Se uns serjans prent en le terre de submis de sen signeur, et li submis traient par devers leur souverain en disant que à tort et à mauvaise cause a li serjans pris. §. Et li sergent demande de che veuë, et après chele veuë, il demanda sen aveu, et au jour qu'il doit avoir son aveu, il aporte une procuration scelée du seel sen maistre par le quelle il se veult avouer. §. Et partie die au contraire que il ne se peut avouer il de

---

(1) Voyez *Institutes Coutumières* de Loisel, avec notes de De Laurière, liv. 6, tit. 1er, règle 22 ; Beaumanoir, chap. 64, p. 308, alinéa 3.

li pour che que ses maistres n'i est en se personne ou procurères autres que li se mettent en jugement, on en doit déterminer que quant il a procuration de sen maistre, il se poet avouer. Chel cas fu jugiés à Oysemont en prévosté en le cause du procureur Pierre de Brimeu et de Jehan Coste, l'an mil CCC. XI. (1)

XIV. DES HEURES DU JOUR.

(L'heure de soleil levant dure jusqu'à midi, et celle de midi, jusqu'au coucher du soleil.)

Se jours est assis à aucunes parties à venir à soleil levant, et l'une des parties vient et l'autre ne vient mie, et celle qui est venue voele prendre deffaut contre l'autre pour che qu'elle n'est mie venue à soleil levant. A scavoir est que soleil levant dure dusquez à miedi, pourquoi deffaut n'i apartient, et se en deffaut on le metoit, à tort on l'i metteroit, et sur che se mechent les parties en droit et en jugement. §. On en doit déterminer que l'eure de soleil levant dure dusquez à miedi. §. Che cas fu jugiés à Bouberch en le cause de me demisiele Ysabel Wallande contre Guillaume Goulle.

Et est ascavoir que l'eure de midi dure dusquez à soleil escousant.

---

(1) Voyez *Institutes* de Loisel, liv. 5, tit. 4, règle 15. *Avouer* un meuble, c'est le *réclamer*, le *vendiquer*. Voir Imbert, liv. 1er de sa Pratique judiciaire, chap. 17, n. 10 et suiv. ; le *Gloss.* de Delaurière, aux mots *adveu* et *cont'adveu*.

XV. DE RAPORT DE MARIAGE.

(Le mari ne doit point le rapport de la dot de la femme décédée, quand, durant le mariage, il y a eu enfant pleurant, c'est-à-dire dont on ait pu entendre les cris.)

Rendu fu en jugement en le court de Pontieu à Abbeville par monsigneur de Pois, monsigneur de Toffurlet, maistre Mahieu Gaude, Jehan de Vime, sire Pierre de Maroeul, Euvrat Pauchet et pluiseurs autres tesmoingnages oys sur l'errement meu entre Jehan le Maistre de Espaigne d'une part, et Robert Helui d'autre ; sur che que li dis Jehan li devoit faire raport de mariage de se fille que li dis Jehan avait eu à mariage, et il n'i avoit eu nul enfant vivant après le mère pour quoy rapport y apartenoit, si come il disoit : Et le dis Jehans se opposoit au contraire en disant que le couatume de Pontieu estoit tele que rapport n'i apartenoit quant il y avoit eu enfant plourant (1), il n'i a point de raport comment que li enffes ne vive mie après le mort de le mère : che fu rendu en le dite court et par droit l'an mil CCC. XX.

Item de me sire Robert de Ailly qui eut le demi-siele de Lulli à femme de lequelle il eut i. enfant qui morut devant le mort de se mère : pour quoi li sires de Lulli voloit avoir raport de mariage : Et me sires Roberz disoit qu'il n'i en avoit nient pour che qu'il y avoit eu enfant né u mariage. §. Sur che enquis fu

(1) Voyez les *Etablissments* de saint Louis, chap. 11, tit. 1er.

à Amiens par conseil de cex qui scavoient des coustumez qu'il n'i avoit nient de raport de mariage.

Item li sires de Bouberch maria se sereur au signeur
de Houdenc en Normendie, le quelle morut sans
enfant nul avoir ; pour quoy li sires de Bouberch
vault rapport avoir de mariage. Et en furent enquerre
de commune main à pluiseurs personnes qui des coustumez scavoient. Sur che par le conseil qui trouvés
en fù, dit fu que li sires de Houdent renderoit le mariage. Et le rendi pour che que il ni avoit eu nul
enfant en mariage (1).

XVI. COMMENT ON DOIT MENER SEN HOMME LIGE PAR DROIT SELONC COMMUNZ USAGES DE PAIIS.

(Comment le seigneur doit sommer son homme lige de lui rendre le service qu'il lui doit ; quelles sont ses obligations et jusqu'où s'étend ce
devoir.)

Premiers que se li sirez a à faire de sen homme lige
pour avoir sen serviche, il doit faire adjorner celi de
par li ou par sen sergant sermenté, et hommez liges
avoequez li, pour servir si comme ses fiés le doit.

Item il convient que se li sires le veult sommer par
journées bailliés conpétentement, que il y ait de
ses hommes liges aveuquez li pour veir se li homs
venra, et, se il ne vient, pour jugier l'eure, et li

---

(1) On pourrait ajouter : Item du roy Henri II d'Angleterre, qui avait
épousé Marguerite, fille de Lou:s VII. Philippe-Auguste réclamait le douaire
parce qu'il n'y avait point eu d'enfant du mariage. Voyez *Chroniques de
Saint-Denis*, par M. Paulin. Paris, t. 4, p. 52.

mettre en deffaut en le présence de ses hommes liges et par leur jugement.

Item se li homs ne vient et il est mis en deffaut, li sirez le poet faire rajorner de jour en jour et de quinzaine en quinzaine dusquez à I. an; et tout che fait par hommes liges si comme dit est dessus, tant lez adjornemens comme les deffauts.

Item se li homs liges vient au jour que il est adjornés, et il se présente, li sirez, s'il veut, fera sen queval juger par hommes, se il vault LX. sols, pourquoy se li quevaux moroit ès serviches de sen signeur, que li sires ne peust rendre que LX. sols. Et se il ne vault LX. sols li homs est deffaláns pourquoy li sires l'em porroit constraindre de paiier amende.

Item il covient que li homz liges ait pourpointel, bachinet, wantelès de fer, de achier ou de balainne, heuses et esperons.

Item se li sires veut envoier sen homme en sen serviche, il li doit bailler ses despens pour li et pour sen queval; et, se il ne li baille, li homs est tenus d'aler dusquez à tant que il despendra aucune cose pour lui et pour sen queval à heure deue, et laira li homz wage, se il veult; ne il n'est tenus d'aler en avant se ses sires ne li racate sen wage, ains se peut retourner arrière. ne il n'est tenus de sevir le che tenant: §. Mais se li sires li veult baillier l'argent pour racater sen wage, li homs est tenus d'aler y au coust de sen signeur, et servira tant que ses sires li trouvera ses frais, car il li doit serviche tous lez jours de

2

l'an se ses sirez le veult prendre selonc se conscien-
che (1).

XVII. JUGEMENT RENDU PAR DROIT A ABBEVILE.
DE PRENDRE CARUE EN LE TERRE DE SES SUBMIS POUR
CHERTAINE DEBTE.

En fait de prise de charue , un défaut pris contre le maître de la charue
et un second pour voir adjuger le profit du premier, suffisent pour lui
faire perdre sa cause.)

E en droit Willame de Mainnes qui avait pris le cárue
Pierre de Hoquellus ès terres du dit Pierre pour cer-
tainne debte que les dictes terres li debvoient. Li dis
Pierres pourposa que à tort et sans cause avoit pris
li dis Willame se carue, et seur che fu le carue recreue
au dit Pierre et jourz donné as parties du sergent par
devant le baillu de Abbeville. Au quel jour li dis
Willame vint, et après heure il fist appeler le dit
Pierre par sergant sermenté, lequel ne vint ne ala,
pour quoy li dis Willame le mis en deffaut; rajornés
pour veir le pourfit de chu deffaut; et fu rajornés à certain jour, auquel jour li dis Willame vint.
§. Et après heure jugié fist rapeler le dit Pierre, li
quelz ne vint n'ala pour quoy li dis Willame le mist
en deffaut. §. Disoit que li pourfit des deffaus estoient
telz que ou li devoit rendre le carue et laissier goyr
de se prinse, et de che requéroit-il que on li fesist

(1) Voyez *Assises de Jérusalem*, chap. 130 et suivants; Beaumanoir,
Coutume de Beauvoisis, chap. 28, et les *Établissements de saint Louis*,
chap. 131, liv. 1er.

droit. Les requestes oyes des hommez, aveuquez les deffaus prins, il ont dit et pour droit que on doit rapister au dit Willame le carue et laissier goyr de se prinse.

XVIII. DE REQUERRE SEN PRISONNIER QUI N'EST SES CONQUANS NE LEVANS.

(Seigneur ne peut poursuivre son prisonnier et réclamer d'en faire justice par-devant son tribunal, s'il n'est son couchant et son levant; c'est-à-dire s'il ne demeure sur le fief du seigneur qui le poursuit.)

E en droit men signeur Ansel de Cayeu qui sievoit en le court de Pontieu Willame Lengles et sen fil ad fin que il li fuissent renvoié comme si prisonnier, li quel avoient brisiet se prison. §. Le baillu de Cayeu pour monsigneur de Bele ville disant le contraire, que il en devoit avoir le court et le requéroit et disoit que li dit homme estoient si coukant et si levant et si justichaule de toutes justiches hautes et basses; meesment que li dit monsigneur Ansel ne les sievoit par chyrographe ne par lettre, et ainsi avoir en devoit le court et de che requéroit droit; li dit homme se offroient à aler par tout là ù drois lez menroit. §. Les raisons veues et mises en jugement, li homme ont dit en jugement et pour droit, que li dis baillus en ara le court; et que me sires Ansiaus le sieuche en le dicte court se il quide que boin soit(1).

(1) Voir Loisel *Inst. cout.* liv. 1, tit. 1, reg. 19. Bouteiller dans sa *Somme*, liv. 1, tit. 5, page 16 à la fin et page 17. Baumanoir, chap. 2, p. 19, al. 3. Des Fontaines dans son *Conseil*, chap. 4, p. 81, art. x.

XIX. DE PROPOSER A TORT ET SANS CAUSE ESTRE EN SAI-ZINE DE TERRE.

(En fait de saisine, un seul défaut de la part du demandeur suffit pour faire adjuger la saisine au défendeur, lorsqu'il propose de bonnes raisons pour soutenir le défaut.)

E en droit Mahieu de Espaigne qui proposa que à tort et sans cause estoit Colart Ferrant en saisine du marès d'une pièche de terre séant u marès d'Espaigne. Li dis Colars demanda veue du lieu. Acordée li fu du dit Mahieu, et au jour après veue Colars vint et Mahieus ne vint ne n'envoia, et le mist Colars en deffaut. Du quel deffaut Mahieu proposa atort, et jour sur che donné à dictes parties. Au quel jour il proposèrent pluseur raisons l'un contre l'autre : et disoit li dis Colars que à boine cause l'avoit mis en deffaut par pluseurz raisons, et par conséquent li pourfit du deffaut estoit telz que il devoit demourer en se saizine ; et Mahieus proposoit au contraire pluseur raisons adfin que demourer n'i debvoit, et que à malvaise cause l'avoit mis en deffaut. Et sur che les raisons mises par devers les hommes, il ont dit et pour droit que à boine cause mist Colars, Mahieu en deffaute, et que li pourfiz du défaut est telz que li dis Colars doit demourer en se saizine.

XX. DE PROPOSER FAIS CONTRAIRES ET DES DAMAGES LE MIEUS PROUVANT.

(En cas de proposition de faits contraires faite par les parties, celle qui prouve mieux doit être dédommagée.)

E endroit Colart de Cauberc et Agnez de Cauberc

qui proposèrent fais contraires l'un contre l'autre.
Sur che cascuns amena ses tesmoins et furent oy; et
après fu dit et pour droit que cascuns avoit prouvé,
et que li dis Colars avoit mieus proposé et prouvé
que le dicte Agnès. Et sur ce le dis Colars requéroit
à grant instanche que il fust des damagiès puisque il
avoit mieus prouvé. Et le dicte Agnès disoit que elle
n'i estoit tenue, car il avoit esté dit que elle avoit
prouvé, et ensi n'estoit tenuë de des damagier le dit
Colart. §. Les raisons veues et mises en jugement, li
homme ont dit et pour droit, que le dicte Agnès doit
desdamagier le dit Colart du dit fait contraire.

Item de chel meisme cas il fu dit par jugement
que Jehans de Monchiaus devoit desdamagier Jehan
Bertran.

XXI. DE DEMANDE ACQUERRE PAR DEFFAUT.

(Quatre défauts de la part du défendeur font adjuger au demandeur sa demande.)

E en droit Jehans Coste qui offri à prouver contre
Jehan le Vaasseur de Frieuville que il li devoit pluseurs
estoremens d'ostel et argent que il avoit paié pour li
et à se requeste, les quelles coses Jehans li Vaasserres
li nia. Et sur ce Jehans Coste amena ses tesmoins et
furent oy; et fu jours donnés à dictes parties de oyr
droit. Au quel jour Jehans Coste vint et se présenta
pour oyr droit, et Jehans le Vaasseur ne vint ne envoya, pourquoy Jehans Coste le mist en deffaut et à
oyr droit fu rajornés. Et au jour que il fu rajornés il
ne vint ne n'envoya; pourquoy Jehan Coste le mist en

deffaut et le fist rajorner le tierche fois et le mist en deffaut. Et quant il l'eut mis en ches iii. deffaus, il le fist rajorner à veir les pourfis des défaus ; auquel jour Jehans le Vasseres ne vint ne n'en voya. §. Disoit Jehans Coste que quant il avoit pris iiii. deffaus contre li continuelement en sievans, et sur oyr droit de le prouve dessus dicte, que il avoit sentence acquise, et le debvoit on justichier de se demande, et de che requéroit que on li fesist droit. Et sur che li homme ont dit et pour droit, que il a sentence acquise par le vertu des deffaus, et que il doit estre justichiez de se demande contenue en se rebriche.

XXII. SE CHIL QUI NE SONT COUCQUANT NE LEVANT EN LE CONTÉ DE PONTIEU, QUI Y ONT TERRES, SE IL RESPONDOIENT DEVANT LE BAILLU CONTRE PARTIE A FAIT DE LETTRES.

(Le débiteur qui possède des terres dans un lieu, est tenu de répondre à la justice du lieu, quoiqu'il ne soit ni couchant ni levant, c'est-à-dire domicilié, surtout lorsqu'il est obligé par chyrographe.)

E en droit monsigneur de Camberon qui sievoit me sire Amaurri de Fonteuil de une somme d'argent en le court de Pontieu à Abbeville par devant le baillu par vertu de lettres. §. Le procureur mon signeur Amaurri proposant au contraire en disant que tenus n'estoit de respondre par devant le dit baillu, §, Car mesire Amaurri n'estoit coukans ne levans en le conté de Pontieu, ne en le baaillie d'Amiens ne u resort d'ichelle ; et par pluiseurs autres raisons que li procurrères proposoit. §. Li dis sires de Canberon disans le contraire que tenus estoit de respondre, et pro-

posoit que li dis me sire Amaurris terres avoit et
biens en le conté de Pontieu de certain lieu au quel
on le pooit adjorner; et ce avoit-il obligié par ses
lettres séelées de sen séel, et ainsi respondre devoit;
§, meesmement que li baillu de Abbevile proposoit
(pour) le conte de Pontieu, que li contes estoit en
boine saizine de adjourner tous chiaus qui ont terres
et hyretages en le conté de Pontieu quant il en estoit
requis des créanchiers, et l'obligation estoit faite
par vertu de lettres ou de chyrographe, jà soit che
cose qu'il ne soient coukant ne levant en le conté de
Pontieu et d'aus justichier, et mettre le dicte debte
ad exécution : le quelle cose le procureur ne nia mie;
et sur che toutes les raisons mises en jugement considérées bien et diligamment, §, Li homme ont dit
et pour droit, que non constretant cose que le procureur ait proposé il doit respondre. §, Et ainsi rechut commandement li dis procurèrez de paiier le
dicte somme, le quele montoit à xxiiii. libres (1).

XXIII. D'ESTRE DEMANDERRES OU DEFFENDERRES EN UNE CAUSE.

(Le demandeur ne pouvait plaider par procureur sans lettres du roi ou du
comte, à la différence du défendeur qui le pouvait.)

E en droit Jehan Mourdre qui mist Amant le Nor
mant en défaut sur che que li dis Amans estoit justichiés pour le dit Jehan Mourdre, de le quelle justiche il avoit proposé à tort. Et sur chel deffaut Amanz
proposa à tort, et disoit qu'il avoit envoié au jour souf-

_____

(1) Voyez Beaumanoir, chap. 2, p. 21, dernier alinéa.

fissamment par procureur. Li dis Jehan disoit que li
dis Amans ne pooit envoiier au jour par procureur
se il n'avoit grâce du Roy, car il estoit demandans en
le cause. Li dis Amans proposans pluseurs raisons au
contraire à fin que il fust trouvés deffendères, et que
à tort l'avoit mis en deffaut. Li dis Jehan proposans
au contraire pluiseur raisons afin que à boine cause
l'avoit mis en deffaut. Les paroles veues par les
hommez bien et diligemment, li homme ont dit et
pour droit que à maulvaise cause li dis Jehan avoit
mis le dit Amant en deffaut et que proufit n'en doit
porter (1).

XXIV. DE CHELI QUI ACCATE AUCUNE COSE A UNE PERSONNE
 I. NOMBRE D'ARGENT LE QUELLE COSE EST PRISE DEVANT
  L'ACCAT EN LE MAIN DE JUSTICHE, COMMÉNT LI ARGENS
  EST DEMENÉS.

(L'acquéreur est forcé de mettre le prix de la chose mise en main de justice
 à lui vendue, entre les mains du juge, pour être distribué aux créanciers du vendeur.)

E en droit che que Pierrez Le Carbonniers disoit
que il n'estoit tenus de metre devers le baillu d'Abbeville IX. libres tournois de XIII. libres que il pooit
devoir à Ricart Adens, de le quelle somme li dis Ricars estoit justichiés; et disoit li diz Pierres que tenus
n'estoit de baillier les, dusquez adont que li dis Ricart li aroit faites toutes ses convenenches. Li baillu
disoit que baillier les devoit, quar che que Pierres
acata au dit Ricart estoit pris et saizi en le main du

_____
(1) Voyez Beaumanoir, *Coutume de Beauvoisis*, chap. 4, p. 27 et suiv.

signeur. §, meesment que li arres sus l'argent fu fais
sus le dit Pierre, et de che requéroit li dis Pierres que
il fust monstré as hommes. §. Tout vu et considéré
des hommes, il ont dit par conseil que li dis Pierres
doit mettre le dicte somme d'argent devers le baillu
et que elle soit convertie devers les créanchiers (1).

XXV. DE PERSONNE OBLIGIÉ PAR CHYROGRAPHE A II. PER-SONNES S'IL Y A II. RETRAITES (2).

(Deux créanciers qui ont fait deux retraites sur leur débiteur, qui n'était
obligé envers eux que par un seule obligation, les ont justement faites.)

E en droit Ricars Asdens qui avoit proposé que à
tort et sans cause s'estoient retrait Leurens le Carbonniers et Raoul de Camberon de li, et disoit qui n i
appartenoit que une retraite, car il ne s'estoit obligiés
vers aus fors en I. cyrographe; et li dit Leurens et
Raoulz disoient que il en y appartenoit II; car comment que il ne se fust obligié que en I. cirographe, si
avoit-il rechut commandement vers aus II, et che
maintenoient-il de fait, lequelle cose ne fu mie niée du
dit Ricart; et plus disoient-il que en le dicte dete,
cascuns d'aus y avoit le moitié. Les raisons veuez
des II. parties, li homme ont dit et pour droit que il
y a II. retraites et que li dis Ricars doit dekeir de
l'atort.

(1) Voyez Loisel, *Inst. cout.*, liv. 5, tit. 4, règ. 19.
(2) Voyez le glossaire de De Laurière au mot *Retraite*, ou l'art. 169 de
la *Coutume de Ponthieu*, et l'art. 32 de la *Coutume locale d'Abbeville*.

XXVI. DE JOUR AVOIR PAR-DEVANT JUGE PARTIE CONTRE AUTRE, AUQUEL JOUR LI JUGES NE TJENT MIE PLAIT.

(Le défaut pris contre partie est bon, quoique le juge ne tienne ce jour-là l'audience que seulement accompagné d'un sergent, son clerc ayant continué les journées aux absents.)

E en droit Bourgois Despes qui avoit fait arrester 1. tonnel de vin qui estoit Bertoul le Meignien, pour debte que il li debvoit, le dit Bertoul proposa que à tort l'avoit fait arrester, li dis Bourgois eut jour auquel il dist se cause et maintint de fait et offri à prouver que li dis Bertoulz li devoit plus que li tonniaulz ne valoit, le quelle cose Bertoul nia et eurent jour. Au quel jour li dis Bourgois vint en court et si tesmoing avoec li, et n'i trouva fors tant seulement le castelain et 1. serjant et se présenta devant eure et aprez, et ses tesmoins aussi; et fist li dis Bourgois protestation d'avoir deffaut contre le dit Bertoul, se il estoit aucuns que il li peust donner. Et dist li chastelains qu'il estoit bien heure d'avoir deffaut et que elle estoit passée. §. Et depuis li dis Bourgois fist rajorner le dit Bertoul au quel jour il disoit que proufit devoit avoir tel comme d'avoir le tonnel en délivre. Le dit Bertoul disant que chel jour li clers le baillu avait continué toutes les journées dusquez au vıɪɪᵉ. en au tel point. Li Bourgois disant au contraire que li clers le baillu ne pooit mie continuer les journées as absens. §. Les raisonz oyes des parties et le relation du chastelain, li homme ont dit et pour droit que le dit Bertoul doit de queir de l'à tort et que li dis Bourgois doit avoir sen tonnel de vin en délivre.

XXVII. DE CHELI QUI EST MIS EN DEFFAUT EN REQUÉRANT DROIT SE LI DEFFAUS EST DE VALEUR.

(Le défaut pris contre partie est-il valable, lorsqu'elle demande qu'on lui fasse droit? Rép. nég.)

E en droit Robert Cordelier qui mist Colart de Mentenai en deffaut; li dis Colarz proposa que à tort li avoit mis ; Robert disant au contraire que à cause li avoit mis et par pluiseurz raisons que il proposoit ; li dis Colars maintenoit pluiseur raisons par les quelles il disoit que à tort li avoit mis : et de che requéroit-il droit, ou droit se on li feroit ou non, et non contestant droit que il requéroit à grant instanche. Li dis Robers le mist en deffaut. Les raisons veues des parties, li homme ont dit et pour droit que, puisque Colars requéroit droit, à malvaise cause le mist Robert en défaut (1).

XXVIII. DUNE PERSONNE QUI DIST VOLAGEMENT AUCUNE COSE EN FACHE DE JUGE , PARTIE PRÉSENTE.

(Contradiction en face de juge vaut reconnaissance de la dette.)

E en droit le recheveur de Pontieu ki sievoit dame Stephaigne de Gisors comme aporterres d'un cyropraphe u non Willame de Villenœve de ix. lib. et xv. solz. Le quelle Stephaine proposa pluiseur raisons

(1) Voyez la *Somme rurale* de Bouteiller, liv. 1, tit. 5, p. 28, 29.

ad fin de non répondre au dit chyrographe, et eulz estans en jugement, elle dist que de le dicte debte elle ne debvoit nient, et que elle avoit bien paié se partie. Et tantost li richeverrez dist : sire Baillu, elle a proposé que elle ne doit riens de chu cyrographe, et elle a connut que elle bailla le cyrographe, et ainsi se elle veult proposer quitanche ou paiement je li orray, et se che non, je di que elle est ataint de le demande. Adonc proposa le dicte Stefaigne que ce qu'elle avoit dit n'estoit mie pour response, car elle estoit en jugement ; ≥ et ainsi cose que elle desist ne li portoit préjudice. Et li dis recheverrez proposoit au contraire que si devoit, comme elle l'eust dit en fache de juge et en court revestue d'ommes. §. Pluseurs raisonz proposées des ii. parties et mises en jugement, li homme ont dit et pour droit que che que elle respondi vault response (1).

XXIX. DE CHELI QUI DEMANDE SEN SALAIRE POUR DESSERVIR UN FIEF DE DÉSAGIÉ.

(De la personne qui demande son salaire pour avoir desservi les fiefs d'un mineur.)

E en droit Henri de Vinchenoeul qui sievoit Agnès de Cauberc comme baulc de Fremin de Cauberc sen frère de xx. libres parisis pour ii. anéez que il avoit déservi les fiez du dit Fremin, en le court de Pontieu, de Saint-Piere, et mesire Jehan Bouteri ; et fu tant lievés de demisiele Maroie mère du dit Fremin et u tamps d'adonc bail du dit Fremin. Le dicte

(1) Voyez Beaumanoir, *Coutume de Beauvoisis*, chap. 7, pag. 46, al. 3.

Agnès proposoit au contraire que elle n'i estoit tenue de respondre, car elle ne l'avoit mie lievé.

§. Meesmement comme elle n'estoit mie tenue à paiier les debtes acreues du tamps du dit bail, comme depuis le dicte Maroie, li dis Fremins ait eu II. baulz avant le dicte Agnès, ch'est assavoir Jehan Pesel et Colart de Cauberc. Et sur che pluseur raisons proposées des II. partiez et mises en jugement veues et considérées bien et diliganment, li homme ont dit et pour droit, que le dicte Agnès n'est (tenue) de respondre au dit Henri.

XXX. DE ENFANS QUI DEMANDENT DENIERS POUR REFORMATION DE LE MORT LEUR PÈRE, LIQUEL AVOIENT ESTÉ PAIIÉ A CHERTAINE PERSONNE ET ESTAULÉS DE LEURS AMIS AU POURFIT DES ENFANS U TAMPS QU'IL ESTOIENT NON AAGIÉ ET SE DRECHERRENT CONTRE CHELI QUI LES DENIERS AVOIT PAIIÉ.

(Mineurs devenus majeurs non recevables à exiger le paiement d'une dette pour cause de la mort de leur père, lorsqu'elle a été payée durant leur minorité à une certaine personne établie à cet effet par leurs amis.)

E en droit Martin le Gay et Maroie se sereur, jadis enfans Mahieu le Gay, liquel firent demande en le court de Pontieu contre Hue de Limeu de XL. lib. parisis, liquel leur estoient deu, si comme il disoient, pour le réformation d'amour et de une paiz faite se à che se voloient acorder, pour le cause du dit Mahieu qui fu mors; de le quelle mort il estoit souspechonnés Jehan Decalion paréns le dit Huon (1). Li dis Huon

___
(1) On s'en prenait aux parents du meurtrier pour venger le meurtre commis par lui. Voyez Beaumanoir, chap. 60, p. 306, troisième alinéa.

de Limeu proposans pluseur raisons au contraire en disant que tenus n'estoit en leur demande, car il en avoit fait plain paiement à certaine personne establie pour rechevoir les dessuz dis xl. libres, et ensi quitez, delivrés et absolz devoit aler de le dicte demande. Les raisons de cascune partie veues bien et diligemment, aveuc i. cyrographe aporté en le dicte court de le part le dit Huon la ù le dicte pais estoit contenue et tout mis en jugement par devers les hommes liges de le dicte court; et considéré et rewardé tout che qui pooit et devoit mouvoir les dis hommes en jugement : terminé fu en le dicte court et prononchié par droit l'an xvi. le viiie. jour de fevrier, que li dis Hues est du tout quités, délivrés et absolz de le ditte demande.

XXXI. COUSTUMEZ JUGIÉS A RUE DU TAMPS VVAUDICOURT BAILLU.

SE ON POET AUGMENTER EN SEN ERREMENT DUSQUEZ A CHE QUE ON SOIT MIS EN JUGEMENT ET FREMÉS.

(Coutume prouvée par témoins : On peut augmenter ses raisons de demande ou de défense jusqu'à la fermeture de la discussion pour rendre le jugement.)

E en droit Willame Laiget qui offri à prouver contre Jehan de Machi de Arri que le coustume de Pontieu est telle que dusquez à che que on s'estoit fremés en jugement, partie pooit augmenter en ses raisons et li aidier contre partie. Le dicte coustume fu nié du dit Jehan. Tesmoins conduis sur che, dit fu et pour droit, que il avoit bien prouvé le dicte coustume estre tele (1).

(1) Voyez Loisel, *Inst. cout.*, liv. 5, tit. 5, règ. 11.

XXXII. DE CONDUIRE TESMOINS SINGULERS CASCUN A PAR LI, SEUR COUSTUME.

(Coutume prouvée par témoins : On peut conduire ses tesmoins l'un après l'autre à la preuve.)

E en droit le dit Willame qui offri à prouver contre le dit Jehan, que par le coustume de Pontieu, il pooit conduire ses tesmoins seur coustume singulièrement cascun à part lui. Le quelle li dis Jehans li nia. §. Et sur che tesmoins conduis, li homme ont dit et pour droit que il avoit bien prouvé le dicte coustume.

XXXIII. QUELLE AMENDE LI DIS VVILLAMES PAIA POUR COUS-TUME NIER.

(Il n'est dû qu'une simple amende pour coutume niée qui ne concerne point les héritages.)

E en droit le baillu de Rue qui demandoit au dit Jehan de cascune coustume LX. sols d'amende; li dis Jehans disoit que il n'i appartenoit que VII. sols et VI. deniers de cascune, et que ellez ne toucquoyent point hyretage; et meesment que il en avoit une proposée devant Alliamme Cacheleu sen devanchier, lequelle il avait amendée et n'en avoit payé que une umple (simple) amende. Et sur che se mirent en droit. §. Li homme dirent et pour droit que li diz Jehans ne paieroit de cascune coustume que simple amende pour che que elle ne toucquoit point yretage.

XXXIV. ASSIZE TENUE A ABBEVILLE PAR MONSIGNEUR JEHAN LENFANT EN L'AN XI. LUNDI APREZ LE SAINT MARTIN DE YVER, PRÉSENS PERS ET HOMMES (1), DE CAS DE CRIESME.

(Criminel qui se sauve de prison, doit être pendu s'il est repris.)

E en droit Jehennot du Puch de Bernastres qui fu prins pour souspechon de larrechin, et mis en prison à Bernastres à le venue d'ommes liges, et pour le fait, se mist en enqueste sans contraire : et aprés che brisa se prison et fu reprins les aniaux en piés : terminé fu par jugement que il seroit pendus pour che que il brisa se prison (2).

XXXV. DE REQUERRE SEN PRISONNIER.

(Fuite d'un prisonnier : ce qui doit être décidé dans ce cas; qui en aura en définitive l'exécution et le jugement.)

E en droit que Jehans de Bernastres avoit prouvé que à tort tenoit li maires de Huiermont en se prison Jehan du Puch, pour che que il disoit que ch'estoit sen prisonnier, lequel avoit se prison brisié; requéroit que se cours li fust rendue. Et le ville de Huierniont disoit que rendre ne li debvoit-on pour che qu'il avoit esté pris en leur baillive. Et Jehan de Pontieu disoit qu'il avoit esté pris en se ville, là ù il a toute justiche à li et sen majeur, pour quoy il requeroit que on le ressaisesist. Terminé fu et pour

(1) Sur les jugements par pairs, voyez les *Inst. cout.* de Loisel, liv. 4, tit. 3, règ. 14, avec les notes de De Laurière.

(2) Voyez ci-dessus, page 6, et ci-dessous *Coutume de Ponthieu,* etc., art. 14.

droit, que le prison Jehan D'aubbemale et de le ville soit ressaisie tant que a le prinze ; et Jehan de Bernastres raroit restaulissement de sen prisonnier pour che que il avoit brisiet se prison et l'avoit sievi à cri et à hu, et en feroit exécution.

XXXVI. DE CHELI QUI VEULT ESTRE DÉLIVRÉS DES COUS D'UN JUGEMENT FAIT CONTRE LI POUR I. DEFFAUT QU'IL A PRINS CONTRE SE PARTIE.

(Celui qui a été condamné par jugement aux frais d'un procès ne peut s'en délivrer par un défaut qu'il aurait obtenu contre la partie adverse.)

E en droit che que Jehan de Monteigni disoit que li sires de le Rosière estoit tenus de paiier ses cous et ses frès que il avoit eu en l'errement (1) que li sires de le Rosière et il avoient eu en sanle ; de quoy li dis sires avoit esté condempnés par jugement du principal. Et li sires de le Rosière disoit que pour che que des dis cous et frais de quoy Jehans le sievoit, il avoit eu deffaut contre li et à certaine journée assignée à le quelle Jehan ne vint mie. Tout che veu et considéré des dis hommes, terminé fu que li dis sires n'aroit riens acquis pour I. telle deffaut.

XXXVII. ORDENANCHEZ FAITES EN L'ASSIZE D'ABBEVILLE EN L'AN XV. PAR LES PERS ET HOMMEZ DE LE COUR DE PONTIEU, SEUR DESPENS DE TESMOINS, PAR JEHAN LENFANT TENUE.

(Taxe des témoins.)

Ordené est en le dite assize monsieur le sénescal

_____

(1) Voyez le glossaire de De Laurière à ce mot.

de Pontieu des pers et des hommes de le dite court que uns homs de piet, se il est adjornés en cause de tesmongnage ara le jour xII. deniers, et se il demeure le nuit il ara II. sols. §. Item li homs à queval ara III. sols le jour, et se il demeure le nuit, il ara v. sols. Et comment qu'il soit hom liges, se il vient à piet, il n'ara fors les despens de un homme de pié. §. Item uns chevaliers et ses escuiers pour le jor vI. sols et pour le nuit vIII sols. §. Item I. chevaliers à compaignon vIII. sols, et, se il demeure le nuit x. sols. §. Item uns chevaliers banerès pour le jour x. sols, se il demeure le nuit xv. sols(1).

(Il n'y aura à toucher qu'un seul droit pour un ajournement fait à la requéte de plusieurs personnes.)

E en droit Jehan de Nostre Dame castelain d'Arainnes qui demandoit à avoir des hommes de Drucieil de cascun I. adjornement, pour che que cascuns avoit requis en se personne adjorner Godeffroi Du Pont de Remi. Li homme deffendoient au contraire, et disoient, car il estoient au commun qui avoit fait adjorner le dit Godeffroy pour une debte que li dis Godeffroy leur demandoit là ù il n'estoient point tenus, si comme il disoient : Terminé fu et pour droit, par les pers et hommez de le dicte court, que li castelains n'ara que un simple adjornement ; et par conséquent il n'ara que II. sols. des recréanches de leurz wages, ne que II. sols pour aller veir le droit que Godeffroi leur feroit en se court.

(1) Voyez Ducange aux mots *Ligius*, *Miles*, et sa neuvième dissertation sur l'*Histoire de saint Louis* de Joinville.

XXXVIII. ASSIZE TENUE A ABBEVILLE PAR MONSIGNEUR VILLAME
DE HAIRONVAL SÉNESCAL DE PONTIEU LE LUNDI APREZ LE
CANDELIER L'AN XVI.

DE REQUERRE LES BIENS QUE SES SIRES A LEVÉ DU SIEN DE-
VANT L'APPEL, DUQUEL SIGNEUR LI REQUERANS A APPELLÉ
DE DEFFAUTE DE DROIT.

(En cas d'appel, les fruits du fief que le seigneur a pris avant l'appel seront mis en main souveraine pour être rendus à l'appelant sous bonne
sûreté.)

E en droit le procureur monsigneur de Ercourt
requérant contre monsigneur de Vime que les biens
que li dis sires de Vime (a) levé devant l'apel fait,
fuissent à li baillié par recréanche ; terminé est par
jugement que tout li bien de cheli fief levé par le
signeur de Vime et par ses gens devant l'appel, seront mis en le main no signeur de Pontieu, comme
en main souverainne ; et par ichele main seront baillié
par recréanche au dit signeur de Ercourt par boine
sauvle seurté (1).

XXXIX. DE REQUERRE AU JUGE QUE ON VOIST AVANT EN CAUSE
D'APPEL.

(De demander au juge en cause d'appel que l'on suive l'affaire, quelques-
uns des hommes qui avaient rendu le jugement étant morts.)

E en droit che que Adans li Farsis et Wantier li cas
de Halencourt requéroient que Adans de Melliersart
et Robert de Sorel, hommes liges de monsigneur

(1) Voyez Beaumanoir, chap. 53, p. 281, al. 6, en comptant les titres.

Maillart du Hamel, fuissent contraint d'aler avant le cause de l'appel fait du dit Adam et Wantier en le court mesire Maillart contre les hommes de le dicte court; les dessus dis Robers et Adans proposant le contraire que tenu ne sont d'aler avant pour che que li jugemens fu fais en vision de pluseur hommes liges, et bien y en y a aucunz mors (1). §. Li appellant dessus dit n'avoient mie esté diligent de faire rappeler les hoirs d'ichaus qui mort sont pour aler avant en le cause du dit appel. §. Terminé fu par jugement que en cheste présente assize, li dessus nommé Robert et Adans ne sont tenu d'aler avant en le dicte cause d'apel; et rewardera le cours, sous quel diligence li dit appellant se porteront contre les hoirs des hommes liges qui sont mort et contre les autres, pendant l'assize prochainne advenir, et jour sur che as appelans et as dessus nommés Adans et Robert à l'autre assize.

XI.. DE REQUERRE POURFIT DE I. DEFFAUT.

(Défaut obtenu en cour supérieure dans une demande de L. livres de terre, la cause est renvoyée pour le profit et pour la poursuite devant un tribunal inférieur.)

E en droit Bridoul de Huiermont qui requéroit que le requeste de L. libres de terre (2) qu'il avoit

---

(1) L'homme mort, le plait est mort. Voyez les *Inst. cout.* de Loisel, et les notes de De Laurière, liv. 6, tit. 5, règ. 8. Cependant il y avait ici exception, comme plus bas jugé 45; ou plutôt c'étaient de nouveaux procès recommencés contre les héritiers responsables du fait de leurs auteurs.

(2) *Une livre de terre*, est une livre de rente en terre. Voyez les glossaires de De Laurière et de Ducange.

fait , as quellez no signeur de Pontieu avoient mis le main à le requeste de mesire Percheval, que le main fust ostée par pluseur raisons proposées; le dit Percheval proposant au contraire , par mi raisons bailliés misez en droit. En cheste assize le dit Perseval a esté défalant, par quoy Bridoul de Huiermont requéroit comme dessus le dite main de no signeur estre ostée , par quoy il peust goyr à plain , §. Et par le vertu du deffaut acquis si comme dit est ; terminé est par jugement que le dit Bridoul fera rappeler me sire Percheval sur le pourfit du deffaut, par devant le baillu de Cerchi sous quelz baillie ch'est, et le poursieurra, se il li plaist, le pourfit du deffaut acquis (1).

XLI. DE REQUERRE QUE ON VOIST AVANT EN CAUSE D'APPEL.

(Ajournement, à l'effet de poursuivre l'affaire, jugé non suffisant dans une cause d'appel de faux jugement.)

E en droit les hommes de Vieulaines et Marguerite fille Robert Lombet : le dite Marguerite requérans que li homme de le dicte court fussent contraint d'aler avant contre le dicte Marguerite en le cause de appel fait du dit Robert de faus jugement contre les dis hommes. Et disoit que li homme de le dicte court par le commandement de Renier de Haugart serjant du Roy en le prévosté de Saint-Riquier, estoient appelé de cheste assize en le dicte cause d'appel par le prévost de Winrenc. §. Les hommez

(1) Il plaide bel, qui plaide sans partie. Voyez Loisel, *Inst. cout.*, liv. 6, tit. 5, règ. 1er et 15.

de le dicte court proposans le contraire que li adjornemens estoit fais mains souffissammens par pluseur raisons que il proposoient (1) : Terminé est par jugement que li adjornemens est mainz souffissammens fais, pour quoy li homme en cheste présente assize ne sont tenu d'aler avant.

XLII. DE DEFFAUT DE DROIT AMENDER.

(Le prisonnier ou demandeur qui renonce à poursuivre l'appel qu'il a fait de défaut de droit, doit amender son appel.)

E en droit Guerandin Pauchet qui se disoit avoir appelé de Godeffroi du Pont de Remi, de deffaut de droit : en disant que me sire Jehan de Laviers prestres tenant le lieu Godeffroy fondés procuration à Drueil, dist à Fremin l'officier et à le mère du dit Guerandin requérans, que il vausist recroire le dit Guerandin, et faire juger l'amende par le quelle li dis Guerandin estoit détenus en le prison du dit Godefroi. Et de l'amende estoient-il appareillié de faire seur ; et sur che requéroient droit que de che il ne leur feroit autre cose par quoy li dis Guerandin appela du dit Godefroy de deffaute de droit. Le dit Godefroy proposant aucunes raisons que par che conte ne debvoit mie apparoir qu'il y eust deffaut de droit. Terminé est par jugement que li dis Guerandin amendera l'appel que il a entrejecté de deffaut de droit, pour che que il ne le vaut mie poursievir en le manière que il avoit commenchié.

(1) Peut-être une de ces raisons était-elle qu'ils devaient être ajournés par leurs pairs et non par sergent.

XLIII. DE II. PERSONNES QUI DEMANDENT A AVOIR LE SAISINE DE TERRE.

(Demande de saisine d'héritage par deux personnes ; avant faire droit, chacune prouvera l'âge de son père et son lignage ; on poursuivra ensuite le procès et on nommera des auditeurs.)

E en droit le signeur de Ponches d'un part et Pierre le Rous d'autre : seur che que cascune des parties requéroit estre rechus en saizine de le terre qui fu demisiele Marguerite Poppiot. Terminé est par jugement que cascune partie ensignera de l'aage de sen père (1) et du lignage, sauf le droit no signeur de Pontieu. §. Et che fait, le cours ira avant selonc che que raisons sera, et seront bailliet auditeur (2).

XLIV. DE REQUERRE DENIERS PRIS EN MAIN DE JUGE POUR DÉBAT MEU ENTRE PARTIES.

(Demande de restitution de deniers pris en main de juge pour débat mu entre parties.)

E en droit Jaques Roussel requérant que les XII libres prins en le main no signeur de Pontieu pour le débat et che meu pendant devant le baillu de Rue, contre le dit Jaquemont d'une part et le majeur et

(1) Peut-être à cause du droit d'aînesse.

(2) Tiex manières de gens qui sont bailliés pour oir tesmoins, sont apelés auditeurs, pour che que ils doivent oir che que les tesmoins diront et fere escrire leur dit et seeler de leurs sceaux, et rapporter le dit des tesmoins escrit et seelé en jugement par devant les jugeurs, à qui le querele apartient à jugier. Beaumanoir, chap. 40, p. 249, premier alinéa.

esquevins, à tort et sans cause, en li troublant et empeechant de nouvel, avoit levé les XII libres des biens du dit Jaquemont, et que ches XII libres fuissent baliez au dit Jaquemont par recréanche. Terminé est par jugement que les XII libres seront baillié au dit Jaquemont par recréanche par boine caption (1).

XLV. DE REQUERRE QUE ON VOIST AVANT EN UN PROCHÈS MEU PIECHA, DE QUOY SE PARTIE ADVERSE EST MORTE.

(Demander que l'on poursuive un procès entamé avant la mort de la partie adverse, lorsque l'on n'est pas certain si l'héritier est majeur.)

E en droit Jehan le Masier et Honnerée se femme requérans que on alast avant au jugement en l'errement de piecha meu entre les dessus nommés Jehan et Honnerée d'une part, et Robert Cordelier et Perrote se feme d'autre, sur le demande de x. libres de rente à prendre sur le franque mangnerie du molin le Conte. Le dit Robert proposant au contraire que Perrote se femme de par lequele li hyretages venoit, estoit morte et ainsi ses baulz estoit estains, et Pierres ses fieulz hoirs de le dicte Perrote estoit de nouvel venus en sen plain aage environ avoit IIII. jours; par quoy le court ne debvoit aler avant à faire jugier le prochiès : Terminé est par jugement que li dessus nommé Jehan et Honnerée, Robers et Perrote iront par devant le baillu d'Abbeville en

(1) C'est-à-dire, je pense, en donnant bonne sûreté comme dans le jugé 58 i-dessus.

plait de baillie, et là sera seu se li dis Pierres est venus à sen plain age; et che seu, lez parties iront avant u dit prochès en l'assize prochaine venant.

XLVI. DES WAGES VENDRE.

(Formalités en cas de vente de gage, prouvées bien remplies afin de ravoir sa cour.)

E en droit Jehan de Machi qui offri à prouver contre monsigneur Jaque de Fruges que li dis Jehan vendi à boine cause les wages du dit chevalier, et li commanda que il fust à certaine journée pour sen wage vendre où il le racatast. §. Item que li dis Jehans au procureur le dit monsigneur Jaquemon dist que il fesist scavoir à sen signeur que il racatast sen wage qui estoit vendus par dedens i. jour que il dist. Lez queles coses li dis Jehan offri à prouver à fin de ravoir se court. Et li dis mesire Jaque li nia; tesmoins conduis sur che, reprenches bailliés sur che du dit mesire Jaque contre les tesmoins; tout veu et mis en jugement; terminé est et pour droit que les dictes reprenchez sont de nulle valeur; et que li dis Jehans a bien prouvé s'entente ad fin que il rait se court.

XLVII. DE INFORMATION FAIRE SEUR SAISINE.

(Information faite sur la saisine de singulières redevances féodales.)

E en droit che que Godefrois du Pont de Remi disoit que si homme de Druoeul li devoient aporter les pains au Noel et les oes que il li devoient à Pasches à se maison, et de che fist information et l'offri à prouver. Les hommes du dit Godefrois proposant au contraire que tenu n'estoient de porter les dis pains et oes, et as' dis termez à se maison ; ainchois lez doit li dis Godefrois envoier querre à leurs maisons ; et disoient qu'il en estoient en boine saizine de si lonc tamps que il n'estoit mémore du contraire. Tesmoins conduis sur che de l'une partie et d'autre et mis en jugement : Terminé est par jugement que li dit homme de Druoeul ont mieus prouvé que li dis Godefrois, pourquoy li dit homme demourreront en leur saisine.

XLVIII. ITEM, INFORMATION FAITE.

(Seigneur qui s'oppose à la longue jouissance de l'église, condamné par jugement.)

E en droit information faite à requestes dez marregliers de Druoeul sur che que li dit mareguelier disoient que u non de le dicte Ecglize et de Saint-Deniz de Druoeul, eulz et leurs prédicesseurs marguelier avoient goy et possessé de très lonc tamps pasienlement de pluseurs journeux de terre, et de aucuns censeux contenus en le suplication des avans dis margueliers. Et Godefrois du Pont de Remi, sires du lieu avoit mis main à ches coses et fait deffense, par quoy le dit marguelier ne pooient goyr des pourfiz des coses contenues en leur requestes. Le information veue et considérée diligamment et le déposition des tesmoins, réservé le droit de no signeurs de Pontieu en toutez coses par protestation acordée des dis marguelierz pour chu tamps présent estaulis. §. Terminé est par jugement que le main du

dit Godefrois sera ostée du tout, et gorront li dit
marguelier u non de le dicte Ecglize des pourfis
des terres et des chens contenus en leur requestes;
exepté journel et demi de terre (1) ou environ contenus en leur requeste, donnés à l'Ecglize du fait
monsigneurz Thiebaut du Pont de Remi, de lequelle
cose le courz en retient à déterminer.

XLIX. ITEM ; INFORMATION.

(Réserve en cette affaire des droits des seigneurs de Ponthieu.)

E en droit che que li marguelier de Druoeul
avoient fait une information de che qu'il disoient
qu'il avoient goy et possessé de pluseur pieches de
terre des quelles le dicte ecclize a goy et de si lonc
tampz qu'il n'est mémore du contraire. Et sur che
Godefrois leur empêchoit; acordé est des dis margueliers que pour cose que on détermine seur le ditte
information, li drois de no signeur de Pontieu ni
soit en riens péris, ainchois y soit wardés, et réservés toutes coses.

L. DE DEFFAUT PRIS SEUR CAUSE D'APPEL : ASSAVOIR SE ON A
SENTENTE ACQUISE SEUR LE PRINCIPAL POUR I SEUL DEF-
FAUT.

(Un seul défaut pris en cause d'appel ne fait pas gagner son affaire à la
partie qui l'a obtenu.)

E en droit Maroie Boistele d'une part et les hommes du Pont de Remi d'autre, sur che que depuis

(1) Voyez ci-dessous jugé 70.

le prochès mut entre les dites parties en cause de apel, le dite Maroie avoit pris I. deffaut contre les dis hommes, si comme elle disoit; §. Requéroit que li profis de chel deffaut li fust adjugiés telz comme d'avoir acquis sentense en le cause principal du dit appel. Lez homes liges de le dicte court proposans au contraire : Terminé est par jugement que en chelle partie de le cause que Maroie propose, se aucun défaut y eut, le dite Maroie n'a mie acquise sentence en le cause del appel; ainchois, non constretant le deffaut pris, les dictes parties iront avant, et li cours est sur che jour à l'autre assize (1)

LI. SE JUGEMENS FAIS PAR HOMMES DE POESTÉ EST BOINZ OU NON, ET SE IL POEUT JUGIER DE VII. SOLS VI. DENIERS.

(Jugement de choses mobilières, catels, fait par hommes de poesté, déclaré valable sur appel.)

E en droit débat meu entre Jehan le Prévost et les hommes de poesté de le court le demisiele d'Arri en cause d'apel; sur che que li dis Jehan disoit que en le court de le dite demisiele, après demande fait du dit Jehan contre Jehan le Flamenc de XXII. sols pour cause de fœurre, du quel claim Jehan le Flamenc connut X. sols VI. deniers et nia le seur plus, tesmoinz conduis, fu prononchié en le dicte court contre le dit Jehan. Et pour che que li dis Jehan avoit requis, si comme il disoit, que il fust jugiés par hommes

---

(1) Voyez la *Somme rurale*, liv. 1, tit. 5, pag. 26, alinéa premier; ci-dessous jugés, 63, 84, 91, 94. Les jugements souverains ne se doivent précipiter. Charondas Le Caron sur le *Grand Coutumier*, liv. 3, chap. 11, page 366, édit. 1598.

liges, et chil ne l'estoient mie, pour quoy li dis Jehans appela de leur jugement, tant que pour che que li dis Jehan a confessé : Terminé est par jugement tant pour che que li dis Jehan a connut, que li homme de le dicte court poent jugier de VII. sols et demi ; et que bien est prouvé par boins tesmoins que li homme de le dite court sont en saizine de connoistre et jugier en cas de catel ; et que li dis Jehans se mist en leur jugement et requist droit estre rendu pour li ou contre li ; que li dis Jehan le Prévost a mal appelé, et est tenus de l'amender (1).

LII. D'AVOIR SE CAUSE ACQUISE PAR DEFFAUS EN CAS DE DECHEVANCHE.

(En cas de poursuite de déchevanche (tromperie), les parties poursuivies mises en défaut trois fois perdent leur cause.)

E en droit, Manessier de Ferieues et demisiele Marguerite Doryon ; sur che que li dis Manessier poursievoit le dicte demisiele et sen mari en cas de déchepvanche, sur I. contraict contenant pluseurs prochès escrips ès rolles de l'assize première tenue par noble homme monsigneur Jehan Lenfant, adont sénescal de Pontieu. §. Et disoit li dis Manessiers que en le persécution de le cause dessus dicte, il avoist esté diligens et le dicte demisiele et ses maris en défaut une fois, le seconde et le tierche et plus ; pourquoy li dis Manessiers requéroit que li pourfit de che deffaut fuissent à li ajugié. Terminé est et veu les rolles et les deffaus, considérée aveuc le diligence

(1) Voyez Beaumanoir, chap. 67, p. 359, alinéa 4.

de Manessier, que par le vertu des deffaus dessus dis, li dis Manessier doit avoir sentence acquise.

LIII. REQUESTE.

(Remise à une autre assise pour défendre sur une requête demandant qu'un jugement soit en termes.)

E en droit, le requeste faitte de Jehan de Milevile contre Jehan Huelin que uns jugemens qui fu piecha fais en l'assise de Abbevile pour le dit Jeham de Mileville contre le dit Jehan, li fust en termes (1). §. Le cours a rewardé que li dis Jehans de Mileville faiche appeler le dit Jehan de deffendre le requeste, se il cuide que boin soit, et jour à l'autre assize.

LIV. DE BANIR HORS DE LE CONTÉ DE PONTIEU POUR CAS DE CRIESME.

(Bannissement pour cas de soupçon de crime; formalité pour y parvenir lorsque les soupçonnés de crime font défaut; jugement de bannissement desdits soupçonnés.)

E en droit Colart de Lastelier et Mikelet le Pouletier, li quel furrent (ajournés) de tierch jour en tierch jour au castel à Arguel, pour souspechon de le mort Jehan de Rue et ne vinrent ne ne comparurent, pour quoy après les dictes jornées wardées souffissamment par hommes ligez, leur maisons fu

---

(1) Je pense que ces expressions veulent dire que le jugement soit recordé et rédigé dans les termes dans lesquels il a été rendu *de piéça*, depuis longtemps. Carpentier, dans son glossaire, dit au mot *terminus*, 5, qu'il signifie *assisia, placitum*.

arse ; et depuis furent radjourné au dit castel à Arguel
pour le dicte souspechon, sur le première quinzaine, seconde et tierche, et furent mis en deffaut,
et nient ne se comparurent, et depuis ont esté rad-
jorné à ceste assise sur aulz banir, ou se venissent
comparoir. Les quelez journées tant dez adjournemens comme des deffaus estre wardées et données
souffissamment ont esté tesmongniés par homes liges
de le dicte castelerie. Et en cheste présente assize ont
esté appelé li dessus dit Colart et Mikelet pour le
dicte souspechon : liquel ne sont venu ne comparut,
pour quoy terminé est par jugement que li dessus
dit Colars et Mikeles pour le dicte souspechons, liquel
ne sont venu ne comparut, pour quoy terminé est
par jugement que li dit Colart et Mikelet sont bani
sur le hart de le conté de Pontieu (1).

LV. D'ATTENDRE LOY EN PONTIEU ET DE ESTRE DELIVRÉS PAR JUGEMENT PAR LE LOI ATTENDRE.

(Différentes formalités pour se purger du soupçon d'un crime, en offrant
de faire droit et loi (le combat judiciaire) : suivent plusieurs jugements
d'absolution dans diverses affaires, personne ne s'étant présenté pendant
les délais exigés par la coutume.)

E en droit Andrieu le chevalier, Jehan et Henri
frèrez, liquel se mirent à loy en le court de Pontieu
à Abbeville et furent rechupt pour le souspechon de
le mort Colart Hurtaut ; et a on par pluseur fois appelé ès plais de baillie : se il estoit aucuns qui riens

(1) Voyez *Coutumes de Ponthieu*, par Delegorgue, art. 156, 157, 158;
Coutume locale d'Abbeville, 56.

leur vausist demander pour le dicte souspechon,
venist avant on li feroit droit et loy; et nus ne s'est
comparus contre aus ne offers. Meesment à ceste
présente assize a on appelé que se il estoit aucuns que
riens leur vausist demander pour le dicte souspechon on li feroit droit et loy; et nulz ne s'est comparus contre aus. §. liquel appel ont esté tesmoignié
sousfissamment par hommes liges, et ont esté II. qua-
rantaines et plus à loy. Terminé est par jugement
que li dessus dit Andrieus, Jehans et Henri sont délivré et absolz de le dicte souspechon.

Item de Jehan Palet de Noulli pour le souspechon
de Jaquemine femme Jehan de Cauchi, absolz comme
dessus est dit.

Item de Raulet le Tondeur dit Dolaiens de Oisencourt pour le souspechon de le mort Andrieu Loeu-
lieur du Traullel, absolz comme dessus.

Item Homine de Biencourt pour le mort Willecoe
de Bailloeul, absolz comme dit est (1).

(1) Le démentir et offre de combat sauve l'honneur à l'accusé. Règ. 28,
liv. 6, tit. 1, des Inst. cout. de Loisel.

On lit dans les chroniques de Saint-Denis : « Saint Loys abati en sa
« terre le champ de bataille pour ce qu'il avenoit souvent que quant un
« contens estoit meu entre un povre homme et un riche, où il convenoit
« avoir gage de bataille, le riche homme donnoit tant que tous les cham-
« pions étoient de sa partie, et le povre homme ne trouvoit qui luy voul-
« sist aidier; si perdoit son corps et son héritage. » *Grandes chroniques
de France*, publiées par M. Paulin Paris, vol. 4, pages 427, 430, al. 5.
Voyez ci-dessous jugé 64.

LVI. ARREST DE ASSIZE (1) COMMENT SERGANT DOIVENT JUSTI-CHIER QUANT IL EN Y A PLUSEUR SUR UN LIEU.

(Sergents qui traînent en longueur les saisies pour leur profit.)

Comme pluseur gens soient grevé en le court de Pontieu et ailleurs à cui on doit debtez quant elles sont venues à connissanche (2); que quant li sergant de Pontieu vont saizir les biens de cheli qui les debtes doit et il troeve des biens pour paiier le créditeur en tout ou em partie; et chez biens il ne lievent point pour convertir le créditeur, ainchois les laissent waster pour le pourfit de leur longue saizine avoir et u grief et damage de cheli à cui on doit le debte; et est le vitupère du signeur et grant blasme pour le justiche; pour quoy acordé est par conseil des hommes en le manière qui ensuit :

(Le sergent doit faire vendre les biens du saisi pour acquitter les créanciers, sinon il paiera la dette de ses propres deniers; en cas d'insolvabilité, il gardera prison : il perdra sa charge.

Toutes fois que li sergant ira justichier pour debte venue à connissanche, et il trouvera biens, il les doit lever ou faire lever et vendre par vente souffisant duement faite pour mettre et convertir tantost en le main de cheli à cui le debte de celi sera deube sans délai.

Item se li sergans troeve biens à justichier, et par se deffaut il sont wasté et dissippré, et il ne les lieve;

---

(1) Ordonnance ou arrêt de règlement rendu par conseil d'hommes (liges).

(2) Voyez ci-dessous le jugé 78, et ce mot au glossaire.

acordé est que li sergans paie le debte du sien, se il a tant vaillant, ou tant que il trouvera de biens : et se il n'a tant vaillant, il sera pugnis par prison et si perdera le serviche.

(Il ne doit rien prendre avant que la dette ne soit payée, si ce n'est pour simple journée ou garde des biens, lors de la vente, sous même peine que dessus.)

Item acordé est que nus sergans ne prengne, ne lième saizines dusquez à tant que le debte de quoy il le justichera sera payé, se n'est pour se simple journée quant il va justichier, ou pour se warde qui les bienz vendera ou fera vendre : Et, se il fait le contraire, il sera punis comme dessus.

(Le premier saisissant doit être payé, le second après, et ainsi de suite.)

Item acordé est quant une personne doit à pluseur créditeurs et pluseurz retraictes sont faites et pluseur serjant vont saizir cascuns pour se retraite; li sergans veulent cascuns lever pour ses saizines, jà soit che cose que ly premiers sergans n'ait mie fait sen cours de le debte paiier, pourquoy acordé est que li sergans qui premiers ara saizi, levera pour le debte pour le quele il ara saizi, anchois que chil que depuis aront saizi puissent riens lever, et convertira par devers le créditeur sans fraude : et cascuns selonc se retraite porra justichier l'un après l'autre selonc le fourme dessus dicte (1).

(1) Voyez Inst. Cout. de Loisel, liv. 5, tit. 4, règ. 19; liv. 6, tit. 5, règ. 10, ci dessous page 63, al. dernier.

LVII. ASSIZE TENUE A ABBEVILLE PAR MONSIGNEUR VILLAMME DE HAIROUVAL, SENESCAL DE PONTIEU, LUNDI APRÈS SAINT PIERRE ET SAINT PAUL EN JULE, L'AN XVII, PRÉSENS PERS ET HOMMES.

DE HOMME BANI DE LE COURT DE PONTIEU, COMMENT SE SIRES GORRA DEL HIRETAGE QU'IL TENOIT DE LI AVANT QU'IL FUST BANIS.

(Les biens du banni appartiennent au seigneur de qui il les tenait, sauf le revenu de l'année de la condamnation qui appartient au seigneur de Ponthieu.)

Sur che que li castellains de Arguel avoit rechut les biens Colart de Lastelier (1) depuis che que li dis Colarz avoit esté banis de le conté de Pontieu, et li sires de qui li dis Colarz tenoit sen yretage les demandoit à avoir depuis le ban fait, et estoit nommés mesire Guérin de Biamai. Terminé est par jugement que li castelains rendra conte des dis biens au recheveur de Pontieu de l'anée que li dis Colarz fu banis : Et, depuis l'anée passée, li dis castelains ostera se main des bienz qui apartenoient au dit Colart avant le ban, et en laira goyr le dit monsigneur Guérin, de qui li hyretages est tenus.

LVIII. DE PROCURATIONS A PORTER EN LE COURT DE PONTIEU EN ASSIZE; QUELZ POINS Y DOIVENT ESTRE PAR ESPÉCIAL.

(Celui qui apporte procuration en assise, doit pouvoir juger avec les hommes et pers, et doit être comme eux susceptible des coûts et frais de l'appel s'il est interjeté.)

Acordé est et déterminé en le dicte assize que

(1) Voyez ci-dessus jugé 54.

nus n'aport procuration en assize se il n'i a contenu
II. poins par espécial : c'est assavoir, que li procureur
puissent jugier aveuc les hommes et pers, et que il
soient participant à cous et à frais, se aucuns ap-
piaulz estoit fais contre les dessus dis pers et
hommes.

LIX. DE APORTER PROCURATION EN COURT PAR DEVERS LE CLERC, ET SUR CHE IL LE PERT, ET PARTIE DEMANDE A AVOIR DEFFAUT, OU A VEIR LE PROCURATION.

(Une procuration perdue par la faute du clerc auquel elle a été remise, ne
peut faire adjuger un défaut à la partie adverse.)

E en droit che que le ville de Rue avoit envoié
procureur en ceste assize contre Berthremieu Grou-
ment sur I. appel que li dis Berthremieux avoit fait
contre les dis Majeur et Esquevins ; le quelle procuration fu perdue par le vice du clerc qui rechut
l'avoit. Li diz Berthremieux requérans veoir le
procuration, ou défaut se veir ne le pooit. Li dis
procureur disans à contraire que avoir ne debvoit
défaut, car il avoit baaliet se procuration par deverz
le clerc, si comme li clers connissoit bien avoir
recheu ichelle et le tesmongnoient II. homme lige, et
il ne debvoit mie compérer le vice du clerc. §. Tout
veu et considéré que les parties ont dit et proposé ;
Terminé a esté tant par conseil des hommes comme
d'office, que li dis Berthremieux n'ara mie deffaut et
jour sur che à l'autre assize.

LX. QUELZ FRAIS ON DOIT RAVOIR EN COURT LAIE PAR COUS-
TUME.

(Quels sont les frais et coûts que peuvent réclamer les hommes et pers
juges dans les affaires qu'ils jugent?)

E en droit che que li homme d'Arri demandent à
avoir cous et frais pour le cause d'un boin jugement
qu'il avoient fait contre Jehan d'Arri prevost, si
comme de advocas et de despens et de pluiseurs autres coses. Terminé est par jugement que il n'aront
nul cous d'avocas ne despenz de leur bouquez, fors
tant seulement escripture de clerc, adjornemens de
tesmoins, despens de tesmoins raisonnables par le
costume et despens de auditeurs.

LXI. DE RENONCHIER A SEN DROIT ET DEPUIS DEMANDER Y AU-
CUNE COSE, ASSAVOIR SE JAMAIS I PEUT REVENIR.

(Peut-on revenir contre une renonciation faite à son droit sur plusieurs
choses?)

E en droit che que Adam Lombet de Vieulaines et
pluseur autres personnes proposèrent I. fait contre
Robert Lombet toukant une renonciation que li dis
Robers que jamais ne demanderoit riens sur pluseur coses de quoy les personnes dessus dictes estoient
en saizine, lequele cose li dis Robers nia, et aveuc
che proposa an ni faire pluseur raisons de droit par
le vertu des quelles li fais ne li debvoit en riens
grever, posé qu'il prouvaissent ; et sur che tesmoins
conduis en le court de Vieulainnez par devant Jehan
de Beelon signeur de le court et les hommes. §. Les

dépositions oyes dez tesmoins et misez en jugement sans reproches nulles, li homme de le dicte court dirent et par droit que les dessus dictes personnes avoient bien prouvé, sauf che que il prirent leur respit sur les raisons de droit baillies de le part le dit Robert; et sur che li dis Robers appela du dit jugement comme de faus et de malvais; les hommes de le dite court proposant le dit jugement estre boin et le dit Robert mal appelé par pluseur raisonz que il proposoient. Le fille du dit Robert, lequelle avoit relevé lez erremens de sen père proposant le dit jugement estre faus et maulvais par pluseur raisons. Tout veu et considéré, terminé est par jugement que li jugemenz est boins et loyaus et li dis Robers mal appelé, che sauf que commandé est à le fille du dit Robert que elle voist en le court de Vieulainnes oyr sen jugement sur les raisonz de droit qui sont en le court.

LXII. DE PARTIE QUI DEMANDE A VEIR LE GRACE DU ROY DE LE PARTIE ADVERSE, QUI DEMANDE DEPUIS QU'IL SONT MIS EN JUGEMENT, ET CONNOIST AVOIR LE VEU AU METTRE EN JUGEMENT; ASSAVOIR SE IL LE VERRA OU NON? CAR IL PROPOSE QUE LI TAMPS DE LE GRACE POET ESTRE PASSÉS ET DEMANDE SUR CHE DEFFAUT.

(Il suffit que le procureur ait montré ses lettres de grâce du roi à la première assise, il n'est pas tenu de les présenter aux assises suivantes.)

E en droit che que li sires de Ercourt proposa pluseurz raisons contre le signeur de Vime en cause d'appel de deffaut de droit, et monstra bien le procureur du signeur de Ercourt grace du roy aveuc autre procuration seelée du seel le dit signeur de Ercourt. Et proposèrent les partiez pluseur raisons en l'autre prochaine assise passée et sur che se mirent en droit. Et en cheste présente assize, li dis sires de Vime requéroit à veir le grace du roy, car il estoit demanderrez; comment que il conneust bien avoir veu le dicte grace du roy à l'autre assize prochaine passée quant il se mirent en droit, maiz il disoit que le tamps de le grace pooit estre passés, pour quoy veir le devoit, ou il demandoit deffaut à avoir. Le procureur le signeur de Ercourt proposant pluseur raisons au contraire que veir ne le debvoit quant il s'estoient mis en jugement et en droit. Tout veu et considéré, terminé est par jugement que li dis sires de Vimes ne verra point le dicte lettre de grace, ainchois sousfist quant il le vit au mettre en jugement.

LXIII. D'APPELER DE JUGEMENT FAIT PAR HOMME DE POESTÉ.

(Preuve admise contre une partie qui nie s'être mise en jugement devant des hommes de poesté.)

E en droit chou que li homme du Pont de Remi d'une part et Maroie Boistele d'autre fuissent miz en jugement en assize sur che que li dit homme avoient fait I. jugement contre le dicte Maroie; du quel jugement le dicte Maroie appela comme de faulz et de maulvais, pour che que elle disoit que elle ne s'estoit mie mise en jugement tout absoluement, ainchois débatoit; et li dit homme disoient que elle s'estoit

mise en leur jugement sans si et sans condition (1).
Et sur che cascune des parties ont conduit tesmoins.
Le déposition des tesmoins des parties veue et mis
devers les hommes, terminé est par jugement que li
dit homme ont mieux prouvé que le dicte Maroie;
et jour à l'autre assize sub le principal (2).

LXIV. DE HOMME ACCUSER DE AVOIR FEMME RAVIE.

(Offre du duel pour se purger du crime de rapt ; jugement d'absolution, personne ne s'étant présenté.)

E en droit chou que Willame de Bauchien se mist
à loy en le court de Pontieu sur che que on li mettoit
sus que il avoit ravi le demisiele d'Embrevile, fille
jadis Willame d'Embrevile outre sen gré et se volenté ;
meesment il avoit osté le dicte demisiele des mains à
le mère; lequele demisiele emmenée cria bien eshors,
et que chestoit bien contre sen gré et se volenté. Et
sur che a attendu loy plus d'une quarantaine, et a on
appelé pluseur foiz en le dicte court : se aucuns li veult
riens demander, venist avant on li feroit droit et loy.
Et nus ne s'est offers si comme tesmongnié a esté par
les hommes de le court. Terminé est et par droit que
li dis Willames est delivrés et absolz de le dicte accusation (3).

(1) Voyez Beaumanoir, chap. 67, pag. 539, alinéa 4.
(2) Voyez ci-dessus jugé 50 ; ci-dessous jugés 84, 91, 94.
(3) Voyez ci-dessous le jugé 68, et celui ci-dessus 55.

LXV. DE DEMANDER LX. LIBRES D'AMENDE A I. HOMME QUI AVOIT APPELÉ DE BOIN JUGEMENT.

(Les amendes pour appel de faux jugement lorsqu'on succombait, étaient différentes selon qu'on était hommes liges ou de poesté, ou selon que le jugement avoit été rendu par ces différentes classes d'hommes.)

E en droit che que li procureur de Pontieu demandoit à avoir de Jehan le Prevost d'Arri, LX. libres pour le cause de I. jugement du quel il appela en le cour me demisiele de Arri, §, liquelz fu boins et loiaus. Disoit li dis procureur que avoir les debvoit comme li dis Jehan soit homs liges couquans et levans en franc fief; meesmement comme li dis Jebans connissoit à devoir pour cause de petite amende X. sols, et ainsi s'aprovoit-il estre frans. Li dis Jehanz proposans au contraire en disant que tenus n'i estoit en le dicte amende de LX. libres, ainchois tendoit à estre quites pour amcnde de X. sols, pour che qu'il disoit que li jugemens avoit esté fais par hommes de poesté; et li appiaus n'estoit mie de signification nobleche que se li jugemens eust esté fais par hommes liges, et sur che terminé est par jugement :

Item de che que li procureur demandoit du dit Jehan LX. libres pour che que il avoit froté au jugement fait en le court monsigneur de Pontieu en assise monsigneur le Senescal, et le conseil lez mettent à nient (1).

(1) Voyez-ci dessus, pages 5 et 6.

LXVI. REQUESTE.

(Main levée accordée au fils sur l'héritage de son père.)

Sur le requeste que li fieux Robers de Vien qui fu, a fait à no signeur de Pontieu : que il leur plaise à oster leur main de le terre qui fu le dit Robert sen père ; accordé est par conseil que le dicte mainz sera ostée (1).

LXVII. REQUESTE DE AVOIR VIVRE SUR LE TERRE SEN (SIENNE) DE QUOY LI SIRES N'A NIENT DE HOMME.

(Aliments accordés à un mineur sur son fief qui était en main du seigneur pour défaut d'homme, et si ledit seigneur ne veut les accorder, le seigneur souverain les fournira.)

Seur le requeste que Pierres Galie fait u non de Ricart du Bus sen fillastre desaagié, contre le signeur de Vime, à fin que il li fust quemandé que il eust sen vivre sur le fief que li dis sires a en se main par deffaut de homme ; li quelz fiés appartient au dit Ricart ; acordé est par grant conseil que li enfes ara soustenanche selonc le quantité du dit fief. §. Et se (li) sires de Vime ne le veut faire, li sires de Pontieu le fera comme soubverains.

LXVIII. ENTRER EN FEUTÉ.

(Entrée en foi et hommage d'un fief, ordre d'en faire le dénombrement dans quarante jours.)

Le demisiele de Embrevile est entré en le feuté

(1) Voyez ci-dessous *Coutume de Ponthieu*, etc., art. 1er. al. 3.

de le terre de Embrevile que elle tient par hommage
de monsigneur de Pontieu qui li est venue dessen-
due de le succession de I. sien frère ; et aveuc che y
est entrés Wilame de Bauchien ses maris ; et comandé
leur est que il monstrent par escript le dit fief par
dedens XL. jourz ; protestans, pour le signeur, que
on puist ossi bien sievir les dessus dis aprèz le feuté
comme devant, de toutes coses de coi on pooit sievir
aus et leurs devanchiers (1).

LXIX. ARREST SUR PAROLES INJURIEUSES.

(Il fallait que le plaignant mentionnât dans sa plainte que les injures pro-
noncées par la partie adverse s'adressaient à sa personne propre).

Sur les raisons proposées de Jehan Pesel contre
Pierre Clabaut ad fin que li dis Pierres fust tenus de
respondre à pluiseurs vilenies et injures desquelez,
li dis Jehans se doloit seur che que li dis Pierres avoit
dit en li faisant tenir deseur li, et le visage par devers li, que li fieus de I. villain bae en troc qui avoit
quiet u vaissel ne se devoit mie a atir à si vaillant
homme qu'il estoit, aveuc pluseur autres raisons. §.
Le dit Pierre proposant au contraire pluseur raisons : en disant que quant li dis Jehans ne proposoit
mie en sen claim que li diz Pierres eust dit telz pa-
rolez en adrechant à le persone du dit Jehan, ainsi
s'en sieut-il que se li mot estoient injurieus, pour
che ne doit mie le injure redonder en le persone du
dit Jehan, pour quoi rendre n'en doit, aveuc plui-

(1) Voyez ci-dessus le jugé 64.

seurs autres raisons. Tout veu et considéré, terminé
est par jugement que li dis Pierres n'est tenus de respondre au dit Jehan.

LXX. DE TERRE ESQUEUE EN MAIN DE SIGNEUR.

(Offre du seigneur de céder une terre à l'église qui la réclamait, si elle
voulait payer les droits d'arrière-fief.

E en droit, journel et demi de terre (1) que li
marguelier de l'Ecgliz de Druoeul disoient appartenir à le dicte Ecglize de Druoel, li sires de Pontieu
disoit le contraire. Acordé estoit que li marguelier
debvoient en fourmer no signeur de Pontieu qu'il
estoit ensi que il disoient a cheste assize. Riens n'en
ont fait; et aveuc che acordé a esté en cheste assize,
que se li dit marguelier voloient paiier l'arrière fief
de le dicte terre que le terre demouroit à le dicte
églize. Et sur che il ne l'ont volut faire, pour quoy
le dicte terre est demourée en le main de no signeur
de Pontieu.

LXXI. CAS DE HAUTE JUSTICHE.

(La peine qu'encourt un suicidé est un cas de haute justice.)

E en droit le débat meu entre no signeur de Pontieu d'une part et mesire Alliamme de Brimeu chevalier d'autre. Sur che que les gens le dit signeur
avoient pris et levé I. homme qui estoit omicidez de
li (2) en le terre qui fu Adam de Waurans, le quele

---

(1) Voyez ci-dessus jugés 48, 49.
(2) Voyez Loisel, *Inst. Cout.*, liv. 6, tit. 2, règ. 18.

terre est du fief que monsigneur de Brimeu tient de no signeur de Pontieu en foy et en hommage, et se disoit li dis sires de Pontieu avoir haulte justiche u dit fief. Li dis sires de Brimeu disans le contraire. Et sur che li dis sires Brimeu eust requis à no signeur le roy de France que certaine enqueste et information fust faite sur le dicte haulte justiche à cui elle appartenoit u dit fief? Et li dis rois d'Engleterre (1) quens de Pontieu eust mandé au sénescal de Pontieu que ensi fust fait; et sur che tesmoins aient esté oy et attrait tant de le part no signeur de Pontieu que du dit signeur de Brimeu. §. Et le dicte enqueste et information faite bien et souffissamment et raportée devant les hommes de Pontieu en assize; tout veu et considéré : terminé est par jugement que le dicte haulte justiche u dit fief appartient au dit signeur de Brimeu, pour quoy rendue li a esté.

LXXII. AMENDE DE LX. SOLS DE MAULVAIS APPEL.

(Amende de 60 sous prononcée contre la personne qui succombe dans son appel de faux jugement.)

Amende Marguerite Boulete che que ses pères appela, duquel elle a à présent cause, de un jugement fait à Vieulainnes en le court Jehans de Beeloy, par les hommes de le dicte court, comme de faus et de malvais, liquelz jugemens fu prononchiés à cheste assize pour boins et loiaus : LX. sols (2).

(1) Édouard II ; le comté de Ponthieu lui échut en 1307.

(2) Voyez ci-dessus pages 5 et 6.

LXXIII. REQUESTEZ FAITES ET RESPONSES SEUR LES REQUESTES.

(On peut donner le quint de son héritage.)

Primes sur che qu'il demandent savoir se on peut donner le quint de sen fief à cui que il veult et non plus? Respont que cascuns nobles peut donner le quint à cui que il veult et se il donne plus, le sourplus ne tenra mie selonc le coustume.

(Qui peut donner le quint à héritage, le peut donner à vie.)

Item de che que il dient, se on le donne, se c'est à vie ou à hyretage? Respont que le coustume est telle que qui le peut donner à hyretage, il le peut donner à vie.

(Au don du quint on n'appelle seigneurs ni pairs, mais après on en doit demander la saisine au seigneur.)

Item de che que il dient se li donneres le peut donner sans signeur et sans pers? Respont que au don faire du quint de se terre, il ne doit apeller homme ne signeur (1) se il ne veult, mais après le don fait, il requere le signeur pour estre saizis.

(Celui à qui l'on donne le quint de l'héritage, ne doit payer nulle portion de dettes.)

Item de che que il dient, se chieus à cui li quins est donnés paiera debte selonc le quantité du quint? Respont que puis que dons est de volenté, lequel ne

---

(1) Voyez ci-dessous *Coutume d'Amiens*, art. 4 et 5; *Coutume de Ponthieu*, par Delegorgue, art. 19.

li esquiet par nule escaanche que par le volenté du donneur, il ne paiera nulle debte; car quant debte sont à paiier à loiier, et u cas là où chiex prent le don du frère qui n'est mie drois hoirs, il ne doit estre carquiés de nulle debte.

(Les enfants puînés doivent avoir leur vivre, et si l'aîné le leur refuse, ils doivent avoir le quint à vie.)

Item che que il dient que li drois natureux est qui est deubz à maisnés, et se che qui leur est deu est à vie ou à hyretage, selonc le coustume de Pontieu? Respont que li drois natureux est à maisnez d'avoir vivre sur le terre qui fu leur père ou soutenanche pour vivre à conté d'enfant; et se li hoirs ne leur veult trouver selonc che qu'il appartient, il ont le quint à vie et ne mie à hyretage, se donné ne leur est.

(Si les dons excèdent le quint, la réduction commencera par les derniers.)

Item de che que il dient se 1. homs a donné tant sur se terre l'un après l'autre, se li outre plus sera subtrais du derrain don ou de cascun selonc se quantité? Respont se li donnerres a donnés dons em pluseur lieux, de quoy li hyretages soit carquiéz à pluseur parties, il dequerra du derrain don, et commenchera on au premier, en sievant l'un après l'autre dusques au res du quint (1).

---

(1) Voyez Beaumanoir, chap. 12, 24, page 127, al. 1, ci-dessus, pag. 50, al. dernier.

LXXIV. JUGEMENS FAIS A GAMACHEZ PA (R) WILLAME LE JOULE ADONT BAILLU DU LIEU EN L'AN MIL. CCC. XII. SAMEDI VEILLE DE PENTHECOUSTE, PRÉSENS HOMMEZ LIGEZ DE LE CASTE-LERIE MONSIGNEUR DE DREUES.

(Procureur qui a renoncé dans une affaire de testament à la preuve testi-moniale, ne peut ensuite y revenir.)

Primes en droit che que Aelis Sanse disoit que Willames li Joulez procurreur de Thecle le Cordière et de Bernart Pinchon sen mari venoit à tart du testament conduire en cause de tesmoinz, lequel le procurreur disoit que Ouffrans li Cordiers avoit fait; pour che que le dicte Aelis disoit que li dis procureur avoit renonchié à tesmoins et ensi li testamenz ne debvoit estre emploiés comme tesmoins et à tart i venoit, et li procurreur disoit le contraire. Sur che prononchié fu par jugement des dis hommes liges que à tart venoit li testamenz à estre emploiiés en le dicte cause, pour che que li procureur avoit renonchié à tesmoins.

LXXV. DE ENTRER EN WAIGNERIE DE TERRE QUI EST EN MAIN DE SIGNEUR.

(Demande afin d'être mis en possession et en la propriété d'une terre que la partie adverse prétend lui appartenir et dont elle a la saisine.)

E en droit che que le dicte Aelis avoit proposé que à tort et malvaise cause estoit le dicte Thecle en le saizine et propriété de XII. journeus de terre qui avoit esté Ouffran le Cordiers frère de le dicte Aeelis; du quel Ouffran elle se disoit drois hoirs. Et le dicte

Thecle et ses procurères disoit le dicte terre à li appartenir : à fin que elle ne deust respondre primes, elle disoit que ses maris li avoit donné le dicte terre comme s'acqueste et confremé sen don en se derraine volenté, pour quoy se che estoit connut, respondre n'en devoit; se che li estoit nié, elle l'offroit à prouver. ₰. A che respondi Aelis que pooit estre que il li avoit donné entre vis, ₰. mais en se derraine volenté il avoit rappellé le don. Se le dicte Thecle et ses maris connoissoient qu'il fust ensi, li dons estoit nulz de li et estes contez pour nient. Se il le nioient elle l'offroit à prouver. Et en tant que li fait estoient contraire que le dicte Tecle proposoit, le dicte Aelis le mist en ni; et le dicte Thecle et ses maris nièrent le dicte révocation estre faite en derraine volenté, pour quoi respondre ne debvoit, si comme elle disoit, et voloit convertir par bare tous ses fais. Et le dicte Aelis disoit que quant le dicte Tecle et ses maris avoient respondu à sen fait, ₰. le bare estoit hors, si comme elle disoit; et le dicte Tecle et ses maris disoient au contraire. Sur che requirent les ditez parties droit, se le dite bare estoit hors ou non? Dit fu par jugement que quant Thecle avoit respondu au fait le dite Aelis, que le dicte bare estoit hors et que on iroit avant sur le droit de le cose (1).

Item d'en droit, che que le dicte Aelis avoit proposé le dit don de le dicte terre estre rappellé du dit Ouffran en derraine volenté, lequel rappel le dicte

(1) Voyez Beaumanoir, chap. 7, page 45, alinéa 1er.

Tecle et ses maris avoient nié, si comme dit est.
Dit fu pour droit et par jugement par mi le déposition des tesmoins oys, le dite Aelis avoit prouvé
s'entente.

Item fu dit et pour droit, en le dite court, que le
dicte Tecle et ses maris, leur procureur présent,
avoient fali à prouver leur entente de che qu'il avoient
proposé, le dom de le dicte terre estre confremé du
dit Offran en derraine volenté, pour quoi li homme
dirent et pour droit que le dicte Aeliz seroit mise en
le saizine et en le propriété de le dicte terre.

LXXVI. D'ENTRER EN WAIGNERIE DE TERRE QUI EST EN MAIN DE JUGE.

(On ne peut labourer et jouir d'un champ qui est en la main du seigneur ;
peines que l'on encourt si l'on manque à amener son aveu.)

E en droit che que li baillu de Rue sievoit Pierre
Dumont de LX. sols, ou de LX. mars (1), ou de telle
amende que li homme diront, pour che que il estoit
entrés en le waignerie d'une pièche de terre qui estoit en le main le signeur de Pontieu, si comme li
baillus disoit. Et li dis Pierres disoit que entrés y estoit par le signeur du tresfons. Sur che li baillu li
donna jour d'amener sen adveu et de revenir à che
jour sur LX. sols de paine. Au jour revint, sen aveu
n'amena mie, et en si li homme dirent par jugement
que falli avoit à son aveu de ore en avant. Adonc

(1) Le marc contient huit onces.

dist Pierres après chel jugement fait : à tamps vient
de respondre, oes me?§. Li baillu dist à tart y venez
puisque falli avés à vo aveu amener et que vous ne
niastes men fait et attains estes de le dicte demande (1).
§. Et sur che se mirent en droit, se assés à tamps venoit de respondre ou non ? Tout veu et considéré dit
fu et pour droit : . . . .

. . . .

(Ce jugement manque, il paraît avoir été gratté sur le manuscrit.)

LXXVII. DE SIEVIR AVOIR CHERQUEMANE ET BORNE EN SE TERRE, OU IL N'A MIE LE VISCONTÉ.

(Le droit de bornage appartenait à vicomté, à moins que l'on en ait une
possession immémoriale.)

E en droit li baillus de Rue qui siévoit le fille Wiot
de Vime de che que elle avoit cherquemane et bourne
en se terre che que elle ne pooit faire, car che appartenoit à cas de visconté (2), et elle n'avoit mie
visconté en se terre, et ensi meffaite s'estoit, et amender le devoit de tele amende que li homme juge-
roient. §. Le dicte fille Wiot proposant au contraire
et disant que che n'appartient mie à visconté, et que
elle le pooit bien faire, car elle et si devanchier de
qui elle avoit cause en avoient esté en boine saizine
de si lonc tamps que il n'estoit mémore du contraire;
et sur che se mirent en droit. Li homme dirent, et
pour droit, que elle admenast gens dignes de foy par

(1) *Inst. Cout.* de Loisel, liv. 4, tit. 3, rég. 44. Beaumanoir, chap. 45.
(2) Nom donné à des seigneurs qu'on a confondus avec les seigneurs

quoy elle peust enformer les et prouver que elle en eust esté et si devanchier en boine saizine (1).

LXXVIII. DE CHELI QUI EST PRINS EN PRÉSENT MEFFAIT ET NE VEUT AMENDER CONNISSAMMENT, ET ON NE LE VEULT METTRE HORS DE PRISON POUR DROIT QUE IL REQUIÈRE, SE IL N'AMENDE CONNISSAMMENT.

(Homme mis en prison pour avoir coupé le bois du seigneur, et qui ne veut amender préalablement, l'amende étant exigible sauf la fixation de la quotité. Voyez ci-dessus le jugé 56. Il demande à être jugé par le tribunal du bailli sous prétexte de défaut de droit; devant la justice du bailli le seigneur réclame le droit de le juger en sa cour. Le jugé des hommes du bailli manque.)

E en droit che que madame de Bouberch avoit pris et mis en prison Englès Froissart sen homme sen coukant et sen lévant le quelle l'avoit trouvé sen bos copant. Li dis Englès li estant en le prison, supplia pluseur fois envers se dame, en disant : pour Dieu faites me droit, et me mettez hors de vo prison, et je vous donrai boine seurté et souffissante de revenir au jour que vous me metterés et de paier l'amende tele que vo homme jugeront par droit. §. Le dicté dame dist : que che ne feroit-elle mie, mais s'il voloit amender connissamment (préalablement), elle li metteroit

voyers, dérivé de *vienarius, juridictio in vicos, vias et loca publica*. Voyez la *Cout. de Ponthieu* par Delgorgue, art. 81, et les notes pag. 521, tom. 1.

(1) Voyez répertoire de Guyot au mot *Cerquemanage*; Beaumanoir, chap. 30, pag. 151, lig. 13; *Inst. Cout.* de Loisel, liv. 2, titr. 2, règ. 28, avec les notes de De Laurière.

en jugement pour savoir de quele quantité l'amende
seroit. Englès respondi que che ne feroit il mie, et si
li dist : dame n'en ferés vous autre cöse? et elle dist
que non. La fu présens li baillus de Rue que li dis
Englès avoit mandé. Adonc dist Englès au baillu :
Sire, recrés me et me mettés jour au jour de vos
plais, car je di que à tort et sans cause me tient me
dame en prison, car elle ne me veult faire droit en
le manière que je li ai requis, si que oy avés. Et a le
journée que Englès vint en court par devant le baillu,
il repeta sen fait, en disant que à tort et sans cause
le tenoit le dicte dame en prison, parmi les raisons
dictes (1). Et le dicte dame respondi que tenir le pooit et debvoit en prison comme ses coukans et le-
vanz et justichaules de corps et de catel que il estoit;
et elle avoit court et jugeurs, et venist en se court,
on li feroit droit et loy ; et disoit que se court en devoit ravoir. Et sur che il se sont mis en droit. Li
homme ont dit et pour droit.

. . . .

(1) Cette dame n'avait pas la pitié de la reine Blanche qui alla elle-
même tirer de prison des serfs qu'y retenaient des chanoines de Paris.
(Voyez *Grandes chroniques de Saint-Denis*, par M. Paulin. Paris, vol.
4, pag. 231.) Il est vrai qu'elle disait l'avoir trouvé coupant son bois,
mais son homme soutenait que c'était à tort et sans cause qu'elle le retenait
en prison.

LXXIX. JUGEMENTS FAITS EN LE COURT DE DRUCAT EN L'AN MIL CCC. XIX. U MOIS DE DÉCEMBRE LE JOR SAINT FUSCIEN, SAINT VICTORISSE ET SAINT GENCIEN.

(Commandement fait à un homme de couper du bois pour le seigneur, qui offrait de lui payer sa journée; désobéissance; amende préalablement payée, étant exigible, sauf le dit des hommes pour la quotité; leur jugement à cet égard.)

E en droit che que commandemens fu fais à Vinchent Robustel par Englès du Hamel serjant à chel tamps que il alast coper au bos le signeur de Durcat par tel journé que ouvrier waignoient, au quel commandement il désobey; et sur che fu adjornés contre le dit signeur à certain jour. Auquel jour li dis Vinchenz vint et se présenta; et li commanda li dis sires que il le amendast. Et li dis Vinchent li amenda connissamment (préalablement) au dit des hommes. Et sur che jours li fu bailliés d'atendre le jugement. Auquel jour il vint et fu dit et par jugement des hommes que l'amende estoit de vii. sols vi. deniers; présens Robers de Sauchoi, Willame de Durcart, Jaques de Durcat dit du Hamel, Englès de Durquetel, Fremins li Frans, Jehan de Durcat, procureur de me demisiele, Englais de Durcat, hommes liges. Et furent présent au jugement rendre Gille du Sauchoi, Jehan le Mannier, Maurice Lagache, Bernart Haute-Foelle, Raoul de Durcat, Fremin Raingart, Wautier Tiret, Fremin Roussel, Jaquet Pipperel, et Jehennot Boulenois, et pluseur autres (1).

(1) Pour connaître la tyrannie des seigneurs envers leurs hommes, voyez Inst. cout. de Loisel, liv. 6, tit. 6, et les notes de De Laurière.

LXXX. ASSIZE TENUE PAR MON SIGNEUR JEHAN DE CASTRE CHEVALIER SÉNESCAL DE PONTIEU EN L'AN XX. DE DEFFAUT PRIS CONTRE PARTIE EN CAS DE APPEL, QUEL POURFIT ON EN A.

(Deux défauts de la part de l'appelant suffisent pour le faire déchoir de son appel de faux jugement.)

E en droit che que Wautier li cas avoit appelé de faus et maulvais jugement de hommes de Halencourt; sur lequel appel les dictes parties eurent jour en le court de Pontieu en assize, li dis Wautier à poursievir sen appel, et li homme pour aus desfendre. Auquel jour li dis Wautiers fu deffalans et fu mis en deffaute. ℥. Item fu radjornés à le requeste des dis hommes sur le profit du dit deffaut à l'autre assize en sievant; auquel jour il fu mis en deffaut : par le vertu des quelz deffaus, li dit homme demandèrent profit à avoir tel que il apartenoit. Et sur che li per et li homme dirent et pour droit, que li dis Wautiers estoit du tout déquéus du dit appel par le vertu dez ii. deffaus et que li dit homme estoient quite et délivré.

LXXXI. A QUELLE HEURE ON DOIT DONNER DEFFAUT EN ASSIZE.

(On peut donner défaut en assise contre les absents à la première journée après l'heure de none joignant.)

Sur che que li per et li homme de Pontieu furrent conjuré à jugier l'eure des deffaux à le première journée de l'assise après none (1) joignant ; et sur che li per et li homme firent doubte de jugier à chelle eure, pour che que il disoient que il ne l'avoient mie ensi usé ; et, pour ce que il ne vaurrent jugier, il furrent arresté (2), et depuis l'arrest fait, il dirent par droit et par jugement que il estoit bien heure de donner deffaut à l'eure dessus dicte contre chiaus qui ne s'estoient présenté.

LXXXII. ORDENANCHES SEUR APPIAUS.

(Les hommes liges condamnés pour avoir fait maùvais jugement, doivent payer également chacun leur part d'amende. Voyez jugé 84.)

Ordené fu en le dicte assize par les dis pers et hommes que se on appele de jugement de hommes liges, et sur che soit jugié qu'il aient fait maulvais jugement, cascuns paiera ingamment se part de l'amende ; et fu fait pour les hommez du Pont de Remi et pour Maroie Boistele.

LXXXIII. ASSIZE TENUE PAR MONSIGNEUR JEHAN DE CASTRE SÉNESCAL DE PONTIEU L'AN XXII. ET N'I EUT NUL ARREST EN L'AN XXI. DE APPEL DE WAGES DE BATAILLE DE QUOY LI APPELÉS MOEURT ; COMMENT IL EN EST ORDENÉ.

(Le procès sur gage de bataille s'éteignait par la mort d'une des parties.)

Sur che que me sire Jehan de Quevalviler et Bau-

(1) La neuvième heure du jour, celle de trois heures après midi.
(2) Consignés, mis en prison. Voyez Beaumanoir, chap. 1, pag. 11, lig. 43 ; chap. 65, pag. 131, al 3 ; page 132, al. 7 ; pag. 333, al. 1, 2.

dins de Broecourt avoient baillié waages de bataille (1)
et appelé Asses de Weriel ; et li dis Asses disoit au
contraire que wagez n'i apartenoit ; et proposèrent
pluseur raisons au contraire li uns contre l'autre ad
fin de wages et l'autre ad fin de non wages ; et sur
che se mirent en droit ; et che pendant lis dis Asses
ala de vie à trespassemment. Et après che li dessus
nommé firent appeler les hoirz du dit Asse pour savoir se il prendroient les erremens de leur père et
eurent jour. Auquel jour il respondirent que il ne
demandoient nient à dessus nommés, ne li dessus
nommé à aus pour celle cause, si comme il disoient ;
et requéroient à avoir leur délivranche. Tout veu et
considéré, terminé fu par jugement que li dit hoir
estoient délivré des dis wages, et que toutes les parties
estoient quites d'amendemens ; le cause est : pour che
que li dis Asses estoit trespassés (2).

LXXXIV. ASSAVOIR SE PERSONNE ARA DÉCLARATION DE PRO-
CHÈS MIS EN JUGEMENT DE SES DEVANCHIERS.

(L'héritier n'aura pas déclaration des choses mises en jugement par ses
devanciers, ayant eu sur ce jour de conseil.)

E en droit che que Jehans d'Auxi demandoit à avoir
déclaration de pluseur coses mises en jugement par

---

(1) Voyez les *Inst. Cout.* de Loisel, liv. 6, tit. 1er, règ. 20 et suiv., et
les notes de De Laurière.

(2) Voyez Beaumanoir, chap. 63 et suiv. L'homme mort le plait est
mort. *Inst. Cout.* de Loisel, liv. 6, tit. 5, règ. 8, et les notes de De Laurière.

ses devanchiers, et de che avoit eu li dis Jehans jor de conseil. Dit fu par lez pers et hommes et par conseil que li dis Jehans n'aroit nullez déclarations, anchois iroit avant à l'autre assize ensievant : pour savoir se il vaurroit reprendre les erremens de sez devanchiers ou non.

(Arrêt d'assises qui déclare un jugement mauvais.)

Item il fu dit et pour droit en le dicte assize que li homme du Pont de Remi avoient fait malvais jugement en l'errement de Maroie Boistele et de Mahieu Lenglès. Li quelz jugemens se fist des dis hommes pour Mahieu contre Maroie, duquel Maroie appela en Pontieu (1).

LXXXV. ASSAVOIR SE IL CONVIENT GRACE A LI OPPOSER EN DISANT QUE I. MANOIRS SOIT SOUFFISSANS POUR UNE DAME POUR SEN DOUAIRE, QUANT ELLE DIST QUE IL EST MAINS SOUFFISSANS.

(Fallait-il en Ponthieu que l'héritier obtienne des lettres de grâce du roi pour dire qu'un manoir offert par lui pour le douaire de sa mère, était suffisant lorsqu'elle soutenait le contraire? Rép. nég.)

E en droit che que medame de Auxi disoit et maintenoit que I. manoirs que Jehans d'Auxi ses fieux li offroit pour le cause de sen douaire, estoit mains sousfissans. Auquel manoir li dis Jehans opposa en disant que autre ne debvoit avoir et que il estoit sousfisssans. §. Le quelle dame dist qu'il ne se pooit oppo-

(1) Voyez ci-dessus jugés 50, 63 ; ci-dessous jugés 91, 94.

ser, se il n'avoit grace du roy à dire que li manoirz fust souffissans et que autre ne debvoit avoir. Li dis Jehans disoit que grace n'i apartenoit. Et sur che on y envoia pers et hommes pour veir le dit manoir. Les raisons des parties oyes et le relation des dis pers et hommes : Terminé fu et pour droit que li diz manoir estoit sousfissans et que grace n'i apartenoit tant que au fief qui estoit tenus de Pontieu, sauf et réservé pour le dicte dame, que, se il a autres, elle en faiche demande, se elle cuide que boin soit, là où il apartiendra du faire (1).

LXXXVI. ORDENANCHE DE ASSIZE COMMENT ON IRA AVANT ÈS JUGEMENS EN CAUSE D'APPEL QUANT L'UNE DES PARTIES SERA ABSENTE.

(Comment l'on procédera au jugement en cause d'appel quand l'une des parties sera absente.)

Ordené et acordé est par les pers et hommez et tout le conseil, que puis que parties seront fermées en jugement l'une contre l'autre, et il aront requis droit seur che; que viengne ou ne viengne mie l'une des parties, non contrestant se absence, on ira avant u jugement. Et ensi l'a on veu user en tel cas pluseur fois en l'assize de Abbevile du tamps passé; et sanlle as pers et as hommez que le coustume est tele. Et fu chest ordenanche renouvelée pour le cause de l'appel que Jaquez li Carbonnierz avoit fait des hommes de

_____

(1) Voyez Loisel, *Inst. Cout.*, liv. 1, tit. 2, règ. 4, 22; la *Somme rurale*, liv. 1, tit. 97, pag. 550, 557, n° 6.

Labroie de quoy il estoient en jugement. Et li dis Jaquez fu mis en III. deffaus et avoit jour en cheste assize et se présenta et requist droit, et puis s'en ala quant che vint as ares (1).

LXXXVII. ORDENANCHES-SUBZ DEFFENSSES.

(Prise d'argent pour épousailles faites défendue.)

Seur che que le joule (2) gent de Beellencourt estoient accusé d'avoir priz v. sols d'unes espousailles faittes en le dicte ville, de quoy il s'estoient meffait, si comme li baillu disoit (3); acordé, deffendu et ordené est que se on fait plus telez prises en le conté de Pontieu, que chil qui les feront seront pugni. Et pour che que le cause rewarde vicomté, on en a rendu le court au signeur de le Ferté.

LXXXVIII. DE CHELI QUI SE COMPLAINT DE DÉCHEVANCHE ET DE FAUS MARQUIÉS USURAIRES, ET CHIEX DE CUI IL SE PLAINT PRENT DÉFAUTE CONTRE LI. COMMENT IL EN SERA JUGIÉ ET ORDENÉ?

(De la partie qui se plaint d'avoir été trompée dans un contrat usuraire, et qui, devant le bailli, avait perdu sa cause par défaut; enquête sur ce ordonnée par les hommes et pers composant les assises à Abbeville; condamnation par lesdits hommes à payer le susdit contrat; les droits et raisons des parties réservés quant à la saisine du bien du débiteur.)

Sur I. prochès meu entre Robert Loir par Emme-

(1) Voyez ci-dessus jugé 95.

(2) Voyez ci-dessus le titre du jugé 74. Ce mot joule me paraît dériver du mot latin *juvenis*.

(3) Je pense qu'il s'agit ici d'un droit injuste que, selon une mauvaise

line se femme procureresse pour li d'une part, estan-
lie en court par le dit Robert ; et Jehan Henart de
Rue d'autre part : de che que le dicte Emmeline complainte s'estoit par devers me dame le Royne de
Franche comme contesse de Pontieu (1), que ses maris estoit déchus à faus traitiés de marquiés fais par
devers le dit Jehan Henart, usuraires ; que de li n'avoit
eu que xxı libres du sien qu'il voloit raporter à ıxˣ.
xıııı. libres, et par le somme dessus dicte avoit li dis
Jeans, le terre du dit Robert ; si requéroit li dis Robert, par se femme avant dicte comme procureresse
de li, que teles coses fuissent misez au nient, et qu'il
n'eust mie en leur dit hyretage. §. Ainchois li empe-
ckemens que il li faisoit metre fust ostés, comme li
dis Robers et se femme par loy ne par jugement en
eussent onques esté osté ne debouté. §. Li dis Jehans
proposans pluseur raisons au contraire : en disant
que des usures, déchevanchez et faus traitiés il estoit
quites, délivrés et absols ; et que le saizine de le dicte
terre li debvoit estre baillié, pour che que il disoit
que de le demande des ıxˣ. xıııı. libres, li dis Robers
avoit esté condempnez par deffautes en le court du

coutume, l'on faisait payer lors des mariages. Voyez le Glossaire de Ducange et celui de De Laurière ; *Origines du droit franç.* de M. Michelot.

(1) Je pense qu'il s'agit ici de Jeanne, comtesse de Bourgogne, fille et
héritière d'Othon, comte de Bourgogne, et de Mahaut, comtesse d'Artois,
mariée à Philippe-le-Long en 1306, morte en 1329. Peut-être possédait-
elle le Ponthieu en 1325, à cause des différends qui existaient entre
Édouard II, roi d'Angleterre, Philippe-le-Long et ensuite Charles-le-
Bel. Voyez l'*Abrégé chronologique* du président Hénault, et l'*Art de véri-
fier les dates*, t. 2, pag. 757, édit. 1783-87..

conte de Pontieu à Rue et par jugement ; et, aveuc che, le dicte terre avoit esté criée à vente par justiche et délivrée au dit Jehan, fors que le saizine que il n'avoit mie ; et, outre de le déchevanche de quoy li dis Robers s'estoit dolus, li dis Jehan estoit quites, délivrés et absolz par les deffaus là où il avoit mis le dit Robert en le dicte court, par les quelz il fu dit par le jugement des hommes de le dicte court : que li dis Jehans estoit délivrés de le déchevanche et des faus marquiés ; et par ches raisons disoit que il debvoit goyir de le dicte terre. Sur che acordé fu par les pers et hommes de le dicte court, que on saroit le vérité comment li prochès avoit esté démenés en le dicte court par devant le baillu de Rue et les hommes et par l'acort des parties. Les quelz coses dessus dictes raportéez par devant les hommes et perz en assize à Abbeville et oy ensement tout che que les dictes parties vorrent dire l'un contre l'autre : Dit fu par jugement et prononchié pour droit, que pour le cause du prochès qui fais fu à Rue par devant le baillu et jugement donné tel comme dessus est dit, que li dis Jehans estoit quittes, délivrez et absolz des déchevanches et faus marquiés usurairez, et que les IX^{xx}. XIIII. libres estoient cler et prouvé pour le dit Jehan ; che sauf et réservé que le dicte saizine que li dis Jehans demandoit à avoir de le dicte terre à yretage, il requerroit che que il cuideroit que boin fust à le court, et li dis Robert se desfendroit ainsi que il debveroit, et on leur feroit droit (1).

(1) Voyez ci-dessous jugé 99, 2e alin.

LXXXIX. DE RECHEVOIR PERSONNE A FAIRE FOY DE SEN ENSONNE.

(Partie reçue à faire foi ou serment de la vérité de son ensonne ou excuse pour maladie d'avoir fait défaut à la cour.)

E en droit che que Emmeline Loiresse comme pro-cureresse de Robert Loir sen mari, avoit proposé plu-seur raisons ad fin que elle fust rechute de faire sen ensoigne contre Jehan Henart de Rue. Et li dis Jehans proposa au contraire pluseur raisons ad fin que elle n'i fust rechute. Tout veu et considéré et seu de cer-tain que li diz Jehans avoit renonchié a 1. fait qu'il avoit proposé en ses raisons contre le dicte Emmeline qui telz estoit : que depuis un deffaut que li dis Jehans avoit contre le dicte Emmeline en court, le dicte Emmeline vint u castel à Abbeville après le def-faut pris et donné ; et quant on li dist que elle estoit en deffaute, elle se parti de court et fist le malade et se fist ensonnier, le quel fait le dicte Emmeline avoit nié au dit Jehans. Sur che dit fu et pour droit que le dicte Emmeline seroit rechute à faire de sen ensonne foy (1).

(1) Voyez Beaumanoir, chap. 5 ; *Grand Coutumier*, liv. 5, chap. 7 ; *Somme rurale*, liv. 1, tit. 4, pages 21 et suiv.; Imbert, *Pratique judiciaire*, liv. 5, chap. 4.

XC. ASSAVOIR SE I. VENDERRES QUI ARA TERRE VENDUE A
UNE PERSONNE PAIERA L'ARRIÈRE FIEF (1) DE LE TERRE
OU CHIEX QUI ACCATÉE L'A, COMMENT QUE LI ACCATERRES
AIT LETTREZ DU DIT VENDEUR QU'IL LI DOIT WARANDIR
LE DICTE TERRE CONTRE TOUS PAR MOS GÉNÉRAULZ CON-
TENUS EN SE LETTRE.

*(Le vendeur n'est pas tenu à garantir à l'acquéreur le paiement des droits
de l'arrière-fief, lorsqu'il ne s'est obligé à la garantir qu'en termes généraux.)*

E en droit che que Reniers de Bailloel avoit fait appeler Bauduin de Piquetin en le court de Pontieu par
devant le baaillu de Abbeville pour li warandir de
terre qu'il avoit acatée au dit Bauduin ; pour le quelle
les gens de no signeur de Pontieu demandoient arrière fief. Et proposoit li dis Reniers que tant pour
le vente que li dis Bauduin li avoit fait, comme pour
une lettre que il avoit baillié seelée de sen sel, en le
quelle avoit contenu que li dis Baudins li estoit tenus
de warandir le dicte terre contre tous et envers tous
comme loiaus venderres. Si disoit li dis Reniers que
par ches généraulz paroles li dis Bauduin li estoit tenus de warandir de l'arrière fiés. Et Bauduin disoit
au contraire que tenus n'i estoit pour che qu'il disoit
que li arrière fiés n'estoit mie deubz de che tampz
qu'il tenoit le dicte terre, et venderres quant il vent

_____

(1) L'arrière-fief est celui qui relève d'un fief qui relève d'un autre.
Voyez *Somme rurale* de Bouteiller, liv. 1, tit. 83, pag. 484, 485, 487.
ci-dessous *Coutume de Ponthieu*, etc., art. 2.

paie ses ventes et par tant se doit passer, se il ne s'est obligiés par espécial à paiier l'arrière fief. Tout veu et considéré, eu sur che délibération et conseil : Terminé fu par jugement et prononchié par droit que li dis Bauduin estoit délivrés, quites et absols de warandir le dit Renier du dit arrière fief comme par mos exprès li dis Bauduin ne s'i fust obligiés, non contrestant les généraulz paroles contenues en le dicte lettre.

XCI. ASSAVOIR SE LI HOIR DE I. SERGANT DE PONTIEU QUI MORS EST RENDERA PLUSEUR BIENS A UNE PERSONNE QUI DEMANDE EN FAIT, LES QUELZ BIENS LI SERGANS LEVA U TAMPS QU'IL VIVOIT?

(L'héritier d'un sergent n'est pas responsable des biens que le sergent a saisis pendant sa vie, lorsque la partie qui réclame n'a fait aucune demande du vivant du sergent.)

E en droit che que Loys et Maroie Boistele se femme avoient fait demande contre Jehan de le Porte hoir Jehan Le Cat, jadis sergent de Pontieu, de levées (1) de biens que li dis Jehan avoit fait u tamps qu'il vivoit, XVI. ans ou environ avoit. Et li dis Jehan disoit que tenus n'i estoit par pluseurs raisons qu'il proposoit : car il disoit que demande n'en avoit onquez esté faitte au dit Jehan u tamps que il vivoit et que il estoit sergent, et s'en parti des Calengies u tamps de se vie et aussi il avoit esté en enquestes pluseur fois. Tout veu

(1) Saisies.

et considéré, terminé fu par jugement et prononchié pour droit que li dis Jehans n'estoit tenus en le dicte demande du tamps de le serganterie du dit Jehans (1).

XCII. ASSIZE TENUE PAR MON SIGNEUR JEHAN DE CASTRE SÉNESCAL DE PONTIEU EN L'AN XXIII. LUNDI APRÈS LE TRINITÉ.

ASSAVOIR SE ON EST DÉQUEUS D'APEL DE FAUS JUGEMENT POUR II. DEFFAUS, QUANT SE PARTIE LI A MIS SEUR OYR DROIT.

(Deux défauts suffisent pour être déchu d'un appel de faux jugement, lorsque l'affaire est poursuivie pour être jugée.)

E en droit che que Pierres de le Ruiele avoit appellé d'un jugement du maïeur et des esquevins de Pontoiles comme de faus et de maulvais en l'assize de Abbevile comme en court souveraine. En le quele assize les dictes parties comparurent, et après tout plain de continuations, li dis Pierres fu en deffaute en le dicte assize, et fu radjornés sus le pourfit du dit deffaut à l'autre assize en le quelle li procurèrez de le dicte ville prist deffaut contre le dit Pierre. Et fu radjornés sur le pourfit en cheste présente assize. Et par vertu des II. deffaus li dis procurères disoit que li dis Pierres estoit déqueus de sen appel. Et li dis Pierres proposoit au contraire : en disant que par le coustume de païs toute notoire pour I. deffaut on n'estoit mie déqueus de un appel quant on l'avoit fait (2), et du secont deffaut il avoit querquié sen

_____

(1) Voyez ci-dessus jugés 50, 84, et ci-dessous jugé 94.
(2) Voyez ci-dessus jugé 50.

ensoine pour li ensonnier, et en voloit faire foy ;
pourquoy pourfit n'en devoit porter li dis procurères, si comme li diz Pierres disoit. Les raisonz des
parties oyes, et tout che que elles vaurrent dirent ;
terminé fu par jugement que li dis Pierres est déqueus de sen appel (1).

XCIII. ASCAVOIR QUELE AMENDE UNS HOMS DOIT QUANT IL S'AVOUE A AVOIR TOUTE JUSTICHE EN I. LIEU OU IL N'A FORS VISCONTÉ.

(On n'a encouru aucune amende pour avoir dit en pleine cour que l'on
avait toute justice en un lieu, lorsqu'on n'y avait que vicomté, et que
l'on n'avait pas parlé spécialement que l'on y eut haute justice.)

Scur che que Jehans de Bours estoit accusés de che
qu'il avoit proposé en plaine court que il avoit toute
justice en i. lieu chertain, dont débas estoit, u quel
il n'avoit fors viconté (2), il estoit esqueus en ame(nde)
de LX. libres, ou tele amende que li homme juge-
roient. Et li dis Jehans proposoit au contraire ad fin
que il ne fust tenus en amende, ne amende ni appartenoit pour che dire. Tout veu et considéré et ensement rewardé que che pour quoy débas estoit, et li
cas estoit pour cas de visconté, et li dis Jehan ne parla
mie par espécial de haute justiche ; terminé fu et

(1) Voyez Somme rurale, liv. 1, tit. 5, pag. 26, 51, note E ; Imbert,
liv. 2, chap. 8.

(2) Voyez les Inst. Cout. de Loisel avec les notes de De Laurière, liv. 2,
tit. 2, rég. 42, 45 ; la Cout. de Ponthieu par Delegorgue, t. 1, art. 80,
81, 103. On fait dériver vicontier de *vicarius*, à cause que sa juridiction s'étendait *in vicos, vias et loca publica*.

pour droit des dis pers et hommes, que il n'i avoit point d'amende, pour quoy li dis Jehans s'en ala quites et délivrés.

XCIV. ASCAVOIR SE ON RECHEVERA EN DROIT UNE PERSONNE QUI A EU JUGEMENT CONTRE LI EN CAUSE D'APPEL, QUANT SE PARTIE DIST QUE IL N'I APPARTIENT FORS EXÉCUTION APRÈS LE JUGEMENT FAIT; ET LI AULTRES DIST QUE NON; ET EN REQUIÈRENT DROIT.

(Le jugement obtenu en cour souveraine, sera-t-il exécutoire contre une partie, lorsque cette partie soutient que ce jugement ne la regarde pas (1). Décidé qu'on en informerait.)

Seur che que Loeys et Maroie Boistele se femme disoient que du jugement que le dicte Maroie avoit eu contre li, en le court du signeur de Pont de Remi pour le cause de Mahieu Lenglès et de le dicte Maroie, et pour le dit Mahieu. Duquel jugement le dicte Maroie appella en le court de Pontieu comme en court souveraine, et eut jugement pour li en le court de Pontieu, si comme elle disoit que mal avoit esté jugié et bien appelé, si requéroit que exécutions se feist de sen jugement. ℞. Mahieus Lenglès disans au contraire que li jugemens ne le comprenoit mie, pourquoy exécutions ne s'i devoit asseir par pluseur raisons que il proposoit et de che requéroit droit. ℞. Le dicte Maroie disoit que en jugement ne le devoit on metre, et se mettre li debvoit on si le comprenoit le jugement. Sur che proposèrent pluseur

(1) Il paraît qu'il avait été obtenu contre les pairs ou jugeurs qui avaient rendu le premier jugement. Voyez ci-dessus jugés 50, 63, 84, 91.

raisons les dictes parties et baillèrent devers le court. Tout veu et considéré, dit fu des pers et des hommes par conseil, que les raisons des ii. parties seront rechutes en droit, assavoir se li jugemens donnés en le court de Pontieu comprent le dit Mahieu ou non, sauf che qui ne porte nul prejudice à leur autre jugié.

XCV. COMMENT ON DEQUIET EN CAUSE D'APPEL PAR DEFFAUT.

(Dans un procès d'usage, trois défauts sur l'appel font perdre la cause à l'appelant qui amende ledit appel.)

Seur i. errement meu entre le signeur de Donquerre d'une part et Jaques le Carbonnier d'autre part, en le court le signeur de l'Arbroie ; sur che que li sires de Donquerre s'estoit dolus en cas de nouvel empeckement d'avoir l'aaisement de le rivière de l'Eures que li dis Jaques li emmpeequoit ou faisoit empekier. En le quele court les dictes parties proposèrent pluseur raisons et fais ad fin de saizine et conduirent tesmoins l'un contre l'autre. Tout veu et considéré, dit fu en le dicte court et par jugement que li dis sires de Doncquerre avoit miex prouvé (1) que li dis Jacquez. Duquel jugement li dis Jaques appela en le court de Pontieu comme de nul, et se il estoit aucuns, comme de faus et de maulvais. En le quele court les dictez parties ont procédé l'une contre

(1) Voyez les Inst. Coui. de Loisel, liv. 5, tit. 5, avec les notes de De Laurière. Beaumanoir, chap. 59, 40.

l'autre en le dicte cause d'appel et se mirent en droit.
Et che pendant li dis Jaquez fu mis en iii. deffaus (1)
continuelement en sievans par iii. assizes contre le dit
chevalier et les hommes de l'Arbroie pour tant que à
cascuns toucquoit. Lez quelz deffaus li dis Jaques con-
fessa bien estre pris contre li, et avoec che s'acorda
en cheste assize que il se tenoit pour radjornés seur le
pourfit des iii. deffaus et comme intimation; et s'a-
corda que on jugast seur le pourfit des défaus aussi
bien en le absence de li comme en le présence. Tout
veu et considéré, tous lez prochès des dictes partiez,
tant en le court de Pontieu comme en le court de
l'Arbroie, et parmi le conffession du dit Jaques; terminé est par jugement et prononchié pour droit que
li jugemens fais en le court du signeur de l'Arbroie fu
boins et loyaus, et que li dis Jaques a mal appellé,
lequel appel li dis Jaques amenda.

XCVI. ASSAVOIR SE ON A ACQUIS SE ENTENTION POUR UN DEFFAUT SEUR OYR DROIT EN CAUSE DE APPEL.

(Un seul défaut en cause d'appel pour entendre jugement, n'entraîne pas
la perte de la cause; on suivra sur le principal.)

Seur che que li homme de Bouberc demandoient
à avoir leur intention acquise contre Baudin Milet par
vertu d'un deffaut là où il l'avoient mis sur oir jugement en cause d'appel, et qu'il de quéist du tout de
se instanche. Terminé est par jugement que en tel

___

(1) Voyez, sur la matière des défauts, Loisel, *ibid.*, liv. 6, tit. 3, règ. 1
et 15; le *Grand Coutumier*, liv. 6, chap. 10.

estat de cause li dis Baudin ne dequerra mie de se instanche, mais porra sievir sen jugement sur le principal.

XCVII. ASSAVOIR SE I. HOMS ET UNE FEMME CONJOINT PAR
MARIAGE, DONNENT A L'UN DE LEURS ENFANS I. FIEF
QUE IL ONT, DE COMMUN ASSENTEMENT, QUE IL ONT
ACQUIS, SE IL Y ARA II. HOMMAGEZ OU NON?

(Il n'est dû qu'un seul hommage pour le don d'un fief fait conjointement
et ensemble par père et mère a leur fille.)

Scur che que monsigneur le sénescal et le conseil
de Pontieu demandoient à avoir II. hommages à
Jehanne de Crepieur pour le cause d'un fief que Ernoul ses pères et le femme du dit Ernoul tenoient
de Pontieu à Faneges, le quel fief il avoient acquis.
Et le dicte Jehanne disoit que il n'i appartenoit que
I. seul hommage, car ses pères et se mère li avoient
donné de leur commun assentement et volenté ensanlle, si comme elle disoit. Et de che offroit elle a
enformer monsigneur le sénescal et le conseil par
boines gens, dignez de foy. ?. Le dicte information
faite et aportée en court, terminé fu par jugement
que le dicte Jehanne avoit bien enfourmé le don en
le manière que elle proposoit; pour quoi il fu dit
pour droit que il n'i appartenoit que un seul hommage (1).

(1) Voyez Beaumanoir, *Coutume de Beauvoisis*, chap 14, page 82;
et, ci-dessus page 10, al. 2, 3.

XCVIII. D'UN HOMME RAPPELER PAR LES LETTRES DU ROY QUI A ESTÉ BANIS DE LE CONTÉ DE PONTIEU.

(Lettre de grâce du roi qui permet à certaines conditions le rappel d'un homme banni sur le hart du comté de Ponthieu, pour soupçon de paix brisée.)

Seur che que Estevenes li Barbiers (1) de Abbevile avoit esté banis sur le hart de le conté de Pontieu en l'assize de Abbeville pour le souspecon d'avoir pais brisié (2). Et depuis li maires et li esquevin de le ville de Abbeville eussent empetré une lettre de grace du roi de Franche qui faisoit mention que se li dit mairez et esquevin pooient enformer monsigneur le sénescal de Pontieu que li dis Estevenes eust esté escusés par devers les gens de Pontieu souffissamment par les dit maïeur et esquevins, que il eust esté délivrés en l'esquevinage d'Abbeville de le dicte souspechon par loy et par jugement, avant que le dit ban l'eust compris, que li dis bans fust rappelés et mis au nient. Le quelle information fu faite et parfaite par les gens de Pontieu, et oys grans foison de boinz tesmoins dignes de foi. Tout veu et considéré, terminé est et pour droit, que il est bien seu et prouvé que li pro-

---

(1) Au moyen âge les barbiers *s'entremettoient de chirurgie.* Voyez une ordonnance de l'an 1301, citée dans le *Livre des métiers* d'Étienne Boileau, publié par M. Depping, page 419. Autres de novembre et décembre 1371, attestant que de temps immémorial ils étaient gardés et gouvernés par le maître barbier et valet de chambre du roi ; autre, de mai 1575, etc.

(2) Voyez Beaumanoir, chap. 50, au commencement, et les chapitres 59 et 60.

curères de le ville d'Abbeville avoit bien escusé et souffissamment en l'assize d'Abbeville, le dit Estevene avant le ban, pourquoi li bans fu rappelés.

XCIX. ASSAVOIR SE POUR UN DEFFAUT QUE PARTIE A PRINS CONTRE SE PARTIE, IL (ELLE) N'EST TENUS D'ALER AVANT CONTRE LI, ADFIN D'ESTRE OYS ET RECHUS EN UNE CAUSE.

(Un seul défaut pris contre partie ne suffit pas pour obtenir qu'elle soit déclarée non recevable à suivre sa demande de oir et de recevoir.)

Seur che que Honnerée le Masière jadis femme Jehan le Masier avoit proposé que elle faisoit à oir et à rechevoir par pluseur raisons contre Pierre Cordelier, seur che que elle disoit que li dis Pierres devoit estre contrains d'aler avant au jugement atendre leur prochès meu de piecha entre Jehan le Masier et Honnerée se femme d'une part pour tant que il li toucquoit et dame Tieffagne Allegrine d'autre part. Et li dis Pierres disoit au contraire (que en che proposer ele ne faisoit à oyr ne arrechevoir par pluseurs raisons) espécialment pour che que quant le dicte Honnerée fist appeler le dit Pierre à 1. certain jour pour reprende les erremens de le dicte Teffagne, li dis Pierres le mist en deffaut. Et sur che pluseur raisons furent proposées des parties et mises en jugement. Tout veu et considéré, dit fu par jugement et prononchié pour droit que non contrestant du deffaut pris du dit Pierres ne cose que il deist, le dicte Honnerée fait à oyr et à rechevoir en che que elle a proposé.

(Condamnation à payer une obligation en livrant de son héritage jusqu'à la concurrence de la somme due.)

E en droit che que il est dit par chi devant en I. arrest que Robers Loir et Emmeline se femme estoient tenu envers Jehan Henart en IX^{xx}. XIIII libres; et li dis Jehans requéroit que il eust des hiretagez dez dis conjoins par juste pris dusquez au rès de le dicte somme : dit est pour droit que li dis Jehans en ara dusquez au rès de le somme, pour che que li dit conjoint avoient obligié leurs hyretages enverz le dit Jehan par chyrographe en le dicte somme paiier pour vendre et pour despendre (1).

C. SE I. HOMS DOIT UNE DEBTE SANS LETTRE ET LE DEBTE SOIT VENUE A CONNISSANCHE DEVANT JUSTICE, ET DEPUIS IL S'OBLIGE DEVERS I. AUTRE PERSONNE PAR LETTRE ET PAR ESPÉCIAL UNE MAISON DE QUOI IL FAIT CHELI SAIZIR PAR LE SIGNEUR, CHELI A QUI IL DOIT FAIT CRIER A VENTE LE DICTE MAISON A LI OBLIGIÉ; ASSAVOIR QUI ARA LES DENIERZ DU PRIS ET LE MAISON?

(Un homme est obligé par une obligation échue et demandée à la justice, ses biens meubles ne suffisent pour le paiement, ses immeubles ne peuvent être saisis n'étant pas obligés pour vendre et pour dépendre; il engage ensuite une maison à lui appartenante à une autre personne par chirographe avec la clause à vendre et à dépendre, et la fait saisir par le seigneur; cette seconde personne fait crier à vente et demande l'estimation de ladite maison à l'échéance de la dette, et veut s'en emparer; il le pourra en payant la première dette.)

Seur le demande que li enfant Jehan Caisnel qui

(1) Voyez ci-dessus le jugé 88.

fu, faisoient à Thumas Caisnel leur frère hoir du dit
Jehan, d'une somme d'argent en le court de Pontieu pour le cause de leurs lais faiz as dis enfans du
dit Jehan leur père jadis ; le quelle somme li dis Thumas connut et en rechut commandement du baillu
d'Abbevile, le quele some li dis Thumas ne paia mie;
pour quoi li dit enfant se retrairent, et ne peut on
mie trouver tant des biens du dit Thumas moeubles,
que li dit enfant fuissent paiiet. Et, après che fait, li
dis Thumas s'obliga par chyrographe envers Pierre
de Gaytonne en une somme d'argent, et obliga par
espécial une sienne maison qui siet u marquié as
froumages, de lequelle il se dessaisi en le main du signeur de cui il le tenoit, et en fist saizir le dit Pierre.
Li dis Pierres ne fu mie paiiés dez deniers contenus
en sen dit chyrographe ; il s'en retrait, et fit criier à
vente le dicte maison et requist que elle fust prisié
selonc les dictes coustumes ; et le pris fait, il estoit
près de prendre le dicte maison en rabat de se debte.
Et sur che li dit enfant vinrent au dit baillu, et se
opposerrent que li denier du pris de le dicte maison
il devoient avoir en paiement de leur debte, comme
elle fust venue premièrement à connissanche si comme
dist est ; et bien presist li dis Pierres le dicte maison,
se il voloit, par les deniers paians du pris. Et li dis
Pierrez proposa pluseur raisons au contraire : en disant que le ditte maison il devoit avoir par le dit
pris, et les deniers ensement en descontant de se debte,
§. car il disoit que le dicte maison li estoit obligié par
espécial pour vendre et despendre et ne mie as dis

enffans; et par vertu de le dicte obligation, il avoit
fait crier à vente le dicte maison et prisier par juste
pris; et ensi, quant chis esplois estoit fais à sen title
et à se requeste et ne mie au title des enfans, §. le
dicte maison et li denier du dit pris devoient demourer par devers li et s'en debvoit paiier, et riens n'en
devoit tourner u paiement des dis enfans. Et sur che
les dictes parties se mirent en droit et aportèrent
leurs raisons. Tout veu et considéré, terminé fu par
jugement que tout li denier du pris de le dicte ma-
son tourneroient em paiement devers les dis enfans et
les aroient à leur proufit; et bien presist li dis Pierre
le dicte maison se il li plaisoit par les deniers paiant.
Che fu fait le joeudi devant le Noel, l'an xxiii.

(Si dans l'obligation il n'est pas dit que les héritages sont obligés pour
vendre et pour dépendre, on ne peut saisir que les meubles du débiteur.)

Et n'est mie à oublier que se i. homs doit une debte
à une personne ou a pluseur, tout soit elle venu à
connissanche par devant justiche, et il n'ait obligiet
par espécial ou généralment ses hyretages pour vendre
et despendre, li créanchiers n'en porra nul vendre ne
faire vendre; auchois convenra que si denier soient
pris sur les biens moebles du debteur (1).

(1) Voyez le gloss. de De Laurière au mot *Instrument garentigione*,
et les *Inst. Cout.* de Loisel, liv. 6, tit. 5, règ. 1.

CI. DE I. SIGNEUR QUI DEMANDE VENTES A UNE PERSONNE ET SI LES A PAIIÉS A SEN SIGNEUR LIGE : COMMENT IL EST DE CHE ORDENÉ.

(L'acquéreur d'un héritage qui a payé plaines ventes à son seigneur féodal, ne doit pas les payer de nouveau à un autre seigneur qui ne les avait pas fait saisir et arrêter entre ses mains pour cause de dette à lui due par ledit seigneur féodal.

Seur che que 1. des hommes Willame de Valmes signeur, avoit vendu sen hyretage que il tenoit du dit Willame à une autre personne. Et li acaterrez si tost que il fu ensaiziné eust payé plaines ven(tes) au dit Willame, li quelz Willames devoit au conte de Pontieu pluseurs amendes. Et li quens de Pontieu par le baillu d'Abbeville eust contrainst l'acateur, si tost qu'il vint à se connissanche, à paiier et mettre par devers li autant d'argent que les ventez montoient, pour che que li dis Wilames li devoit denierz; et tout li siens estoit en le main du dit conte. Et li dis marquans desist que tenus n'estoit de paiier les dictes ventes, ne les deniers mettre par devers le dit conte, car il les avoit paiiés au dit Willame sen signeur. Et aussi li denier de le vente ne furent pris ne arresté en le main du dit conte que il seust, et ne savoit nient que li dis Willame deubst au conte de Pontieu; et de che requéroit li marquans que droiz li en fust fais par les hommez de no signeur le conte de Pontieu. Tout veu et considéré, li homme ont dit et pour droit que li dis marquans n'est tenus de mettre les deniers des ventes par devers no signeur de Pontieu. Fait le joeudi devant Noel en l'an xxiii.

CII. DE CHELI QUI SE DIST ESTRE DECHUS OUTRE LE MOITIÉ DE JUSTE PRIS, ET APORTE LETTRES DU ROY D'UNE VENTE QU'IL A FAITE A UNE PERSONNE HYRETACLEMENT, ÈS QUELLES IL EST CONTENU QU'IL ESTOIT EM PRISON QUANT IL FIST LE MARQUIÉ, ET FU PAR CONTRAINTE DE PRISON.

(Plainte de lésion d'outre moitié du juste prix d'une vente, la partie alléguant être en prison lorsqu'elle fut contrainte de faire le marché; lettres de grâce du roi qu'elle en produit; preuve des faits proposés par les parties; jugement en faveur de l'acquéreur; observation qu'il en eût été autrement si le demandeur eût prouvé qu'il était en prison lors du contrat.)

E en droit che que Jehans de Braietel de Bouberc en Pontieu se estoit dolus de Pierre Kaisnel : en disant que il estoit déchus outre le moitié de juste pris en i. marquié qu'il avoit pris à li de pluseurs journeus de terre. Et disoit ensement que quant il fist le dit marquié, et passa les lettres del acat, il estoit em prison et fu par contrainte de prison qu'il avoit (fait) le dicte vente, si comme il avoit donné à entendre à le court de Franche et par lettres qu'il aporta du roy. Et, ches fais, proposa li dis Jehans par devant le baillu d'Abbeville, adfin que li dis marquiés fust contés pour nient et qu'il eust se terre. Et li dis Pierres proposa pluseur raisons et fais au contraire : en disant que le dicte vente se fist par juste pris et loyel et que le dicte vente se fist par juste pris bien et souffissamment, Jehan estant hors de prison et lettres recordées, et avoit bien le terre acatée tant que elle pooit adonc valoir u paiis. §. Les raisons veuçs, oïs les tesmoins subz les fais des parties et tout mis en jugement ; terminé fu et pour droit, que li dis Jehans n'avoit riens prouvé de ses fais, et que li dis Pierres avoit prouvé les siens, pour quoy il n'estoit tenus de mettre le ditte terre par devers le dit Jehan et que le vente tenroit. Che fu fait le joeudi devant Noel l'an mil CCC. XXIII.

Mémore que se Jehans eust prouvé qu'il estoit en prison par tout ou il estoit quant le vente se fist et quant il fist le dez saizine de le terre et passa les lettres, le vente ne fust mie tenue (1).

CIII. QUANT I. HOMS TIENT I. HYRETAGE DE I. AUTRE ET IL LI DOIT ARRIERAGES DE CHENS, COMMENT CHIEX DE QUI LE TENEMENS EST TENUS, ARA SES CHENS OU SE TENANCHE EN SE MAIN PAR SOMMATIONS.

(Si le tenancier demeurant dans un autre pays que celui où est situé l'héritage servant, ne paie pas les arrérages qu'il doit, le seigneur propriétaire du cens obtiendra de le faire citer devant la justice du seigneur où il demeure ; comment il y sera cité quatre fois de huitaine en huitaine, et comment l'héritage servant sera rendu au seigneur direct, sans préjudice des arrérages dus.)

Se uns homs tient un hyretage d'un autre par chensel et chieux qui li hyretages tient soit demourans hors du pays et doye arrierage de chens au sigueur de cui il le tient. Li sires de qui li tenemens

_____

(1) Voyez *Inst. Cout.* de Loisel avec notes de De Laurière, liv. 3, tit. 4, règ. 9 et suiv.

est tenus doit requerre à la justiche sous qui hyretages est, que il ait lettres de li qui voisent au signeur sous qui juridition chiex qui tient l'yretage couque et lieve pour li adjourner contre li pour venir faire chou qu'il doit du tenement, et pour li paiier ses chens à jour certain et par devant le justiche sous qui pooir li tenemens est de le juridition. Et sur che li sires sous qui juridition li debterres est coucanz et levans doit rescripre par ses lettres que cheli il a adjourné à chu jour, et qui tesmoingne l'adjournement estre fait. Et ensin convient faire de viiie. en witaine ou plus lonc jour se on veut duquez à iii. fois, et le quarte avoeuc intimation que viengne ou non. §. Li judices ira avant, si comme de raison sera, et ainsi les iiii. rescriptions aportées souffissamment et tesmongniés par les lettrez du signeur sous qui chiex couque et lieve, §. on doit ajugier pour droit au signeur de qui le tenemens est tenus le dit hyretage estre sien (1); et depuis, se il li plaïst, il fera action contre cheli des arriérages de ses chens.

Tel cas fu jugiés en l'esquevinage de Abbeville pour sire Pierre de Abbeville contre le fil Martin Édouart de Oisemont d'un tenement qu'il tenoit de sire Pierre, assis en le rue as Pereurs l'an mil ccc. xxi.

Item, fu jugié u dit esquevinage pour les enfans Hue du Pont qui fu contre monsigneur de Pois, de i. te-

---

(1) *Qui negligit censum, perdat agrum.* Voyez *Capitularior.* **Karoli Calvi**, tit. 7, chap. 63. *Inst. Cout.* de Loisel, liv. 4, tit. 2, règ. 22. liv. 1, tit. 1, règ. 19, 20; *Établ. de saint Louis*, liv. 1, chap. 18.

nement qu'il tenoit des dis enfans, assis au bout de Cache Corneile vers le porte Saint Gile, l'an xxii.

Et en le court de Pontieu à Abbevile, par pluseur fois et de pluseurs personnes.

CIV. ASSAVOIR SE I. HOMS TIENT UN FIEF D'UN AUTRE ET IL LI DOIE POUR CHE FIEF I. NOMBRE D'ARGENT CASCUN AN, ET CHIEUS NE LI PAIE A TERME, ET SUR CHE S'EN COMPLAINGNE DEVERS LE SOUVERAIN SIGNEUR DEL EMPEKEMENT QUE CHIEX MET ES DENIERS QUE IL LI DOIT, ET CHIX DIE QUE IL VIENGNE EN SE COURT FAIRE SE DEMANDE ET IL LI EN FERA RAISON. SE IL EN ARA SE COURT OU NON ?

(Une personne tient un lief d'une autre moyennant une somme d'argent qu'il ne peut lui payer; plainte au seigneur supérieur qui envoie saisir; le seigneur du fief réclame le droit de faire juger la cause en sa cour, il lui est accordé.)

Seur che que Jehans de Bauchien s'estoit complains au baillu de Abbeville de l'empecquement que mesires Édouuars de Bailloeul li faisoit de c. sols que il li devoit cascun an à Flexicourt de i. fief que il tient de li dont il est ses homs. Sur le quelle complainte, li baillus y envoia i. sergant de Pontieu pour justicier. Li ques sergant y ala et vault lever (1). Adont s'opposa li varles du dit chevalier pour sen signeur. Et, pour l'opposition li sergans donna jour as parties par devant le dit baillu. Auquel jour les parties vinrent, et proposa le procurrères du dit signeur pluseur raisons

(1) Saisir.

7

à fin de ravoir court pour che que le cause rewardoit le fief qui estoit tenus de li, et il ne se complaingnoit mie de deffaute de droit ne de malvais jugement, par coy se court en devoit ravoir. Et li procurrères du dit Jehan proposa pluiseurs raisons au contraire afin que le cours en demourast u chastel à Abevile. Et sur che les parties se mirent en droit. Tout veu et considéré, terminé fu et pour droit, que li dis mesires Edouars raroit se court (1).

CV. DE CHELI QUI NE SE POET FONDER COMME SOUS ESTAULIS PAR LE VERTU D'UNE PROCURATION QUE UNS PROCURERRES LI BAILLA.

(Une procuration portant seulement le pouvoir de sous-estaulir (sous-établir) et faire toutes choses que le constituant puisse faire, ne suffisait pas pour que le premier procureur constitué puisse établir un autre en sa place; il fallait pour cela que le mot procureur soit ajouté après les mots sous-estaulir.)

Seur le demande que Jehan li fieux Mahieu faisoit en le court de Pontieu contre Willame de Bauchien de XL. sols d'une part et de X. sols d'autre. Li dis Willame proposa pluseur raisons à fin qu'il n'i fust tenus. Et a I. autre jour li dis Willames fist une procuration séelée de sen séel, et estauli I. procureur. Au quel jour li procurrerres ne vint mie, ainchois envoia se procuration à Henris le Masier qui se fondast pour li, et que il le sousestaulissoit par le vertu de le dicte procuration, et fu bien che fait par devant justiche. Au quel jour que li dis Henris se vault fon-

(1) Voyez ci-dessous jugé 108.

der, partie adverse demanda à veir le procuration,
le quelle li fu monstrée ; et quant elle l'eut veu, elle
dist que Henris ne se pooit fonder comme sous estaulis par le vertu de le dicte procuration, car il n'i avoit
mie contenu que li dis procurerres peust sous estaulir procureur qui eust au tel pooir que li ;
et li consaulz (1) Willame disoit que si pooit, et
que fonder se pooit li dis Henris, comme sous es-
tablis, car il avoit contenu en le procuration que
il pooit sous estaulir, et faire toutes coses que li
dis Willames peust faire se présens i fust, comment
qu'il n'i eust mie escript après che qu'il disoit, je li
doins pooir de sous estaulir, il n'i avoit nient aprez
escript de procureur ; §. et il parloit après généralment, et ainsi pooit souffire. Les raisons des parties
oyes et mises en jugement, dit fu et pour droit, que
puis qu'il n'i avoit en le ditte procuration escript
procureur après che que il disoit : je li doins pooir
de sous estaulir, il ne souffissoit mie ; pour quoy li
dis Henris ne se pooit fonder comme sous estaulis ;
pour quoy li dis Willames rechut commandement
des deniers dessus dis (2).

(1) Le conseil, l'avocat de Villiame.

(2) Voyez Beaumanoir, chap. 4, *in fine*, pag. 52.
 Le demandeur ne pouvait, sans lettre de grâce du roi, établir procureur.
L'auteur du *Grand Coutumier* (liv. 3, chap. 6) dit : «Elle est ainsi appelée
« grâce, pour ce que si le demandeur est bonne personne, et la demande loyale
« il y doit volontiers estre en personne ; mais si la demande est un petit tri
« cheresse, le demandeur auroit vergogne que l'on apperceust sa mauvaistié
« et son faulx serment : et pour ce le roi à tels gens leur fait grâce d'avoir
« procureur, et pourtant on voit souvent que les procureurs sont plus char-

CVI. ASSAVOIR SE PARTIES ONT JOUR D'APORTER RASONS ET
FAIS ET D'AMENER TESMOINS SEUR I. A TORT PROPOSÉ
EN CAS DE MOEBLE ET DE CATEL; ET L'UNE DES PAR-
TIES NE VIENT ET L'AUTRE PRENT DEFFAUT CONTRE LI,
SE CHIEUS QUI ARA ESTÉ MIS EN DEFFAUT DEQUERRA
DU TOUT DE L'ATORT ET DE SEN PROCHÈS PAR UN SEUL
DEFFAUT.

(Dans le cas où les parties ont jour pour dire leurs raisons et amener témoins sur un à tort et sans cause, en affaire mobilière, la partie qui
se laisse condamner par un seul défaut, perd sa cause.)

E en droit che que Willames de Bauchien avoit
proposé que à tort s'estoit retrais de li Jehans le fil
Mahieu d'une somme d'argent par pluseur raisons
que il proposoit. Et li dis Jehans disoit que à boine
cause s'estoit retrais par pluiseurs raisons; et propo-
serrent les dictes partiez pluseur raisons et fais et eurent jour les dictes partiez de aporter leurs raisons
et d'amener leurs tesmoins. Au quel jour li dis Jehan
vint et se présenta ses raisons et fais et ses tesmoinz,
li dis Willames ne vintne n'envoia souffissamment,
pour quoi li dis Jehans le mist en défaut, et le fist li
dis Jehans radjorner seur le pourfit du déffaut. Au
quel jour les parties vinrent. Disoit li dis Jehans que
par vertu du dit deffaut, li dis Villames debvoit du

« gés des causes des tricheurs que d'autres gens : l'autre raison si est, que
« le siége du juge est mieux honoré et plus paré de la présence des nobles
« et vaillants hommes, que des personnes des procureurs. » Il y avait exception si l'on plaidait pour prélat, communauté d'église ou de villes, ou
pour défendre sa cause. *Inst. Cout.* de Loisel, liv. 5, tit. 2, règ. 4.

tout décheir de sen prochès? li dis Willames disoit
que dekeir n'en debvoit, ou au mains ne debvoit il
pius perdre que si tesmoing ne seroient point oy et
debvoit on aler avant u jugement par mi les raisons
qu'il avoit plaidiés, de che qui en porroit venir à le
mémore des hommes et de le court. §. Et sur che il
se mirent en droit. Tout veu et considéré dit fu que
li dis Willames déquerroit du tout de sen prochès
par vertu du deffaut, et que le coustume de Pontieu
estoit tele par pluiseurs jugemens fais du tamps passé
en le dicte court.

Item fu le dicte coustume aprovée u cas de Jeham
de Bernart per qui avoit tesmoins à conduire contre
le ville d'Abbevile; il ne vint mie au jour, pour quoy
de le ville li procurerres prist deffaut contre li, et
seur che li dis Jehans décay de sen prochès et par jugement.

Item de Robert Lenglez d'Alli qui fu accusés de une
vaque qui avoit esté prise ès nouviaus compos, il le
nia; G. Le Cat sergans de Pontieu l'offri à prouver, li
dis Robers ne vint mie à jour; li sergans le mist en
deffaus; pour quoy li dis Robert en déquéi du tout
par jugement.

Item de Bernart le Merchier qui plaidoit contre
Pierre Clabaut; Pierre ne vint mie, Bernarz prist défaut; pour quoy li dis Pierre déquéy de sen prochès
par jugement et l'amenda.

Item de Guerart de Caours qui avoit fait demande
contre une personne d'une somme d'argent par vertu
de un chyrographe, le personne proposa paiiement,

Guerart ne vint mie au jour, par quoi le dicte personne ala délivré de le demande (1).

CVII. DE CHELI QUI A FAIT ADJOURNER EN CAUSE DE TES-MONGNAGE PERSONNES QUI ESTOIENT HORS DE LE VILE AINCHOIS QUE LI ADJORNEMENS LES COMPRESIST, ET LEZ MIST EN DEFFAUT ; COMMENT IL EN EST ADVENU ?

(Une personne a fait assigner comme témoins deux absents et a pris trois
défauts contre eux quoiqu'on la prévînt de leur absence, et que même
ils fussent excusés par lettre du maire. Les absents revenus, ils ajour-
nèrent la personne et proposèrent que à tort elle les avait mis en défaut ; la personne le nia ; preuve sur ce dont le résultat fut la perte du
procès par la personne qui avait pris les défauts et qui les paya.)

Seur che que mesirez Jaques de Frugez avoit fait

(1) « Si le demandeur se départ de jugement sans avoir jour, il a inter-
« rompu son procès, et semble qu'il laisse son procès et plaid, et qu'il s'en
« soit desparti comme *mat* et *recréu*, et pour ce il dechet de son instance
« et non pas de la cause. » *Grand Coutumier*, liv. 3, chap. 10, page 552,
al. 5, édit. 1598. « Si le demandeur est *contumax* par deux contumaces,
« il sera condamné ès dépens dommages et intérêts ; et à la tierce il per-
« dra sa cause, *licet contra jus*, et avant contestation, et tantost après
« peut être adjugé propriété et possession, etc. » *Ibid.*, pag. 357, 2e. «Par
« le droit ancien de la France, le *contumax* perdait sa cause, bonne ou
« mauvaise, civile ou criminelle; aujourd'hui il faut justifier sa demande.»
Inst. Cout. de Loisel, liv. 6, tit. 3, rég. 15. *Contumacia nimisque per-
tinax absentia pro confessione habetur, can. decernimus* 5, q. 9. Le
contumax est celui qui contemne l'ordonnance du juge : *Nam contumacia à contemnando dicitur, vid. L, contumacia D. de judiciis.* Charondas sur la *Somme rurale*, liv. 1, tit. 6, pag. 32.
    « Par les anciennes coutumes de France, l'appelant se doit présenter au
« champ premier et devant l'heure de midi, et le défendant devant l'heure
« de none, et quiconque deffaut de l'heure, il est tenu et jugé pour con-
« vaincu, si la grâce et mercy du juge ne s'y étend. » *Ordonnances du
Louvre*, t. 1, pag. 457. Voyez aussi Brussel, *Usage des fiefs*, pag. 995.

adjorner en cause de tesmongnage Mahieu de Gizors et Mahieu Blanquet sur le prochès meu entre le dit chevalier d'une part et le maistre du Val d'autre. Au quel jour li dessus nommé ne vinrent mie, pourquoy li dis chevaliers les mist en deffaut et par III. journées. Et quant li dis chevaliers prenoit les deffaus, on li disoit bien que li dit Mahieu de Gisors et Mahieu Blanquet estoient hors du pays, ainchois que li prémiers adjornemens fu fais, et furent escusé par le lettre du majeur d'Abbeville. Et quant li dessus nommé furent venu de hors du pays, il firent adjourner le dit chevalier, et proposèrent que à tort et à maulvaise cause les avoit mis en deffaus, car il estoient hors du paiis et de le ville d'Abbeville, ainchois que li premiers adjournemens fust onquez fais, et meesment il avoient esté escusé par le lettre du dit majeur. Li dis chevalier leur nia le fait, il l'offrirent à prouver. Tout veu et considéré, et le déposition de tesmoins mise en jugement, dit fu et pour droit que, li dis Mahieu de Gisors et Mahieu Blanquet avoient bien prouvé leur entente, par quoy li dis chevalier décay de l'à tort et paia les deffaus (1).

(1) Voyez les *Inst. Cout.* de Loisel, avec les notes de De Laurière, liv. 6, tit. 5, règ. 8. Les jugements rendus contre les absents qui sont comparés aux morts, étaient nuls.

CVIII. SE UNS SIRES PRENT DENIERZ DE I. SIEN HOMME
PAR TELE CONDITION QUE LI HOMS NE SOIT TENUS DE
SERVIR TANT QU'IL TENRA CHES DENIERS, ET DE CHE
LI BAILLE SE LETTRE EN LE QUELE IL N'A MIE CON-
TENU PAR ESPÉCIAL QUE IL SEM PUIST TRAIRE PAR DE-
VERS QUEL JUSTICHE QUE IL LI PLAIRA, SE LI HOMS
PAR DEFFAUTE DE SEN SIGNEUR S'EN TRAIT AU SIGNEUR
SOUVERAIN, SE SES SIRES EN RARA SE COURT OU NON.

(Un seigneur emprunte à son homme lige une somme d'argent avec condition écrite que ce dernier ne sera tenu à aucun service; malgré cela il
exige de lui des services avant le remboursement; le débiteur ajourné
devant le seigneur supérieur obtient d'avoir conseil sur ce; il demande
le renvoi de l'affaire devant sa propre cour et l'obtient, l'obligation
ne portant pas que le créancier peut conduire son débiteur devant n'importe quelle justice il lui plairait.)

E en droit che que Hue de Villers avoit presté un
nombre d'argent à Thiebaut de Vime sen signeur lige
par tele condition que tant que li dis Thiebaut tenroit les deniers dessus dis (1), il n'estoit tenus de
servir, ne li sires ne li pooit demander nul serviche (2) pour le cause de un fief que il tenoit de li; et
de che avoit li dis Thiebaut bailliés ses lettres au dit
Hue sen homme lige. Et par mi che, que le dis Thiebaut vaut faire contraindre le dit Hue de servir. Li

(1) *Assises de Jérusalem*, haute cour, chap. 237. Beaumanoir,
chap. 58.
(2) Voyez les *Assises de Jérusalem*, chap. 230, haute cour; les *Établiss. de saint Louis*, liv. 1, chap. 131; la *Somme rurale* de Bouteiller,
liv. 1, tit. 85, page 486.

dis Hue dist qu'il n'i estoit tenus dusquez à che que
rendu li aroit les deniers dessus dis, si comme il estoit
contenu en se lettre. Sur che li dis Hue fist adjourner
le dit Thiebaut par devant sen signeur souverain à
respondre à ses lettres ; par devant le quel Hue ré-
péta les cosses dessus dittes, et requist que le lettre
qu'il avoit du dit Thiebaut sen signeur fust aemplie.
Li dis Thiebaut connut le lettre avoir baillié, sauvez
ses boines raisons ; il eut à se conseil. Li revenu de
sen conseil, il dist que en debvoit ravoir (se court)
et venist li dis Hue en se court, il li feroit droit par
pluseur raisons que il proposoit, et meesment il disoit que il n'avoit mie contenu en le dicte lettre qu'il
s'en peust traire à quel justiche qu'il li plairoit. Li
dis Hue disoit le contraire que tenus n'estoit d'aler en
se court, car il meismes s'estoit obligiés et par se
lettre, et il n'en pooit mie avoir le connissanche de
sen fait (1), et convenait que il fust corrigiés par sen
signeur. Les dictes parties se mirent en droit. Tout
veu et considéré, terminé fu par jugement que li dis
Hue estoit tenus d'aler en le court du dit Thiebaut
sen signeur, et que le dis Thiebaut en raroit se court
pour che que par espécial, il n'estoit mie contenu en
le dicte lettre que li dis Hue s'en peust traire à quel
justiche que il li plairoit (2).

(1) Voyez *Établiss. de saint Louis*, liv. 2, chap. 27.
(2) Voyez ci-dessus jugé 104, ci-dessous *Coutumes de Ponthieu*, etc..
art. 9, dern. al. ; les *Établiss. de saint Louis*. liv. 2, chap. 13.

ANCIENNES COUTUMES

DE PONTHIEU ET DE VIMEU, ETC.

AU COMMENCEMENT DU QUATORZIÈME SIÈCLE.

I. CHI APRÈS ENSIEVENT NOTAULE SUR LES COUSTUMEZ DE
PONTIEU, DE VIMEU, DES CASTELLERIES DE LE BAILLIE
D'AMIENS ET DE AULTRES LIEUX DE QUOI ON USE COMMU-
NÉMENT.

(Le plus prochain héritier doit avoir la saisine de l'héritage.)

Li hoirs doit warandir les fais de ses devanchiers,
li plus prochains hoirs apparans demourans après le
mort du père, qui le saisinne requiert (1) del hyretage qui a esté sen père, de quoy il est mors saizis, le
doit savoir, et quant il l'a, demouré li doit.

(Le fils est préféré au petit-fils, l'héritier du côté et ligne à celui qui ne le
serait pas.

L'yretages quiert costé et prochainneté, car par

(1) Au seigneur : Voyez Loisel, *Inst. Cout.*, liv. 2, tit. 5, règ. 1. Beaumanoir, chap. 27, page 138, al. 1er; chap. 30, page 152, deuxième alin.
pour la peine encourue; ci-dessus jugé 66.

le coustume du pays li fiex du père est plus prochains de venir à l'yretage de coi li pères moert saisiz que n'est le nièche, quant il a vie après le mort du père, requérans le saizine, et doit estre baillié au plus prochain hoir du costé de quoy li hyretage vient après le succession du père.

(L'héritier n'a que la saisine de son père qui doit la demander.)

Ly hoirs n'aquiert mie saisine se li pères ne li acquiert, de li meismes li fieus aisnés n'acquiert nul doit à sen hoir se il ne requiert primes saizine, car ainsnéeche ne vault nient sans saizine.

(L'héritier doit être de côté et ligne.)

Doirie vient en deschendant par droit cours de nature et convient avant monstrer que on soit de costé et de lignage, que on en puist riens demander ès biens ne ès hyretagez, car li bien ne font mie l'oirye, mais li costés est prochainetés, et par là peut-on venir as biens et as possessions, se dons n'en est ailleurs souffissamment fais.

(Qui réclame la propriété doit réclamer les fruits.)

Quiconquez fait claim devant justice en cas de propriété, il doit faire arrester les biens qui sont sur le tresfons u tamps qui fait sen claim, se aucuns en y a, car qui droit a u fons il a droit ès ufruis.

(Quelle différence il y a entre avoir jour d'amener son aveu et avoir jour d'amener son garant.)

Quiconquez a après jour de veue, jour de respondre,

il peut, en aucun cas, demander jour de amener sen
aveu(1) ou jour d'amener sen warant, mais il y a différence : car se il demande sen warant et on li donne
jour d'amener le, se li warans ne vient présente-
ment, chis est en deffaus simplement et ne se poet
deffendre pour response donner (2); mais chieus qui
demande sen aveu, se li adveus ne vient au jour
pour che n'est-il mie en deffaut, ains se poent deffendre par ses raisons aussi que se li aveus fust présens.

(Pour établir procureur, il faut que le plaid soit commencé.)

Par devant che que li plais est commenchiez des
principaus personnes, ne peut-on estaulir procureur (3).

(En cas d'arrérages dus, pour être reçu à loi c'est-à-dire à plaider par les
voies que la justice accorde, il faut avoir la saisine de l'héritage.)

Se uns homs est mis à question de paiier lez arrièrages de sen iretage et il s'en veult passer par loy (4),
en disant que il en a bien fait che que il a deu et là
où il a deu, il sera rechus à le loy, se ainsi est qu'il

(1) Voyez le *Gloss.* de Carpentier aux mots *adventum, advouare;*
celui de De Laurière aux mots *adveu* et *contr'adveu.*

(2) Voyez ci-dessous *Cout. de Ponthieu,* etc., n° 13 *in fine.*

(3) Peut-être afin que l'on puisse savoir quel est le demandeur et le
défendeur, car le premier ne pouvait établir procureur sans grâce du souverain. *Inst. Cout. de Loisel,* liv. 5, tit. 2, règ. 4; et les notes de De
Laurière; Beaumanoir, chap. 4, page 27.

(4) Par son serment. Voyez le *Gloss.* de De Laurière au mot *Passer
par la loi,* page 68.

soit en saizine de le cose ; mais se il n'estoit en le saizine encore et li sires de qui il demanderoit le saizine
li demandoit aucuns arrièrages, il ne seroit point
rechus à le loy.

(La femme veuve peut s'en tenir à son douaire et elle peut demander la
moitié des meubles ; dans ce dernier cas, elle donnera caution de payer
la moitié des dettes.)

Se uns homs va morir et se femme demande le moitié des moebles et des cateus, li hoirs ne le peut contre-
dire mais que elle baille boine seurté des debtez pour
tant que à se partie monte par devers l'oir ; et quant
elle veut partir as cateulz, elle doit partir as debtes.
Mais se elle eust renonchié au commenchement as
cateulz et se fust tenue tant seulement à sen douaire, il
ne convenist jà que elle baillast seurté des debtes.

(L'héritier doit avoir toutes les armures sans partage.)

Item , u cas dessus dit se li homs trespassés avoit
armeures pour sen corps et le femme en vausist avoir
le moitié , et li homs les vausist toutes avoir, drois
dist que les armeures ne sont mie à départir, mais li
hoirs les doit toutes avoir; et meesment se il y a en
l'iretage fief à déservir (1).

(La douairière doit faire le partage, et l'héritier doit choisir.)

Li douaires doit partir et li hoirs doit coisir, selonc
le coustume (2).

(1) Beaumanoir n'excepte que les châteaux qui sont chief de la comté.
Voyez chap. 45, page 77, dernier al. ; voyez le *Grand Coutumier*, liv. 2,
chap. 20, et la *Somme rurale*, liv. 4, tit 74, page 450, al. 6.

(2) Voyez Beaumanoir, chap. 14, *in fine* ; Bouteiller, chap. 97, page 552.
Inst. de Loisel, liv. 1, tit. 3, règ. 22.

(Le quint des ventes appartient au seigneur, celui qui dissimule une vente lui doit 60 livres d'amende.)

Qui forchoile ventes de hyrtage il est en demande de LX. libres par devers le signeur. Li signeurs doit avoir le quint des ventes de yretage em pluseur lieus. Et, pour che dist-on em plaidant : et en furent plainnes ventes paiiés au signeur (1).

(Personnes soupçonnées d'un meurtre et purgées par loi, sont contraintes de faire (tréve) devant le bailli, jusqu'à la présence de l'autre partie pour faire assurance. La tréve ne durait qu'un temps, l'assurance durait toujours Beaumanoir, chap. 60.)

Aucun furrent souspechonné d'un meurdre, à loy se mirent et furent purgié par le loy, partie n'estoit mie présente pour les asseuranches faire ; ne pourquant il furent contraint d'unes abstinences faire devant le baillu dusques à tant que partie y fust présenté pour faire l'asseuranche.

(Qui viole l'assurance est puni de peines corporelles.)

Qui brise asseuranche, il est pugnis de corps (2), se ainsi est que elle soit faite des gens du roy.

(Nouveau débat mu entre les assurés depuis qu'ils ont bu et mangé ensemble, ou depuis qu'il y a eu mariage entre eux, ne viole pas l'assurance.)

Aucun dient que se aucuns a but et mengié, ou aucuns mariages est fais entre chaus qui s'entre as-

(1) Voyez Beaumanoir, chap. 53, pages 280, 281.
(2) Voyez Établiss. de saint Louis, liv. 1, chap. 28, et les notes de De Laurière ; Ordonnances du Louvre, tom. 1, pages 129, 130.

seurent, et nouviaux debas moet entre aus, il n'i a point d'asseuranche brisié (1).

II. COMMENT ON DOIT ARRIÈRE FIEF SELONC COUSTUME DU PAIIS.

(Cas où l'on doit arrière-fief, et cas où on ne le doit pas.)

Sascuns doit arrière fief de terre qui est issue de franc fief, du journel xx. sols, et se il y a chens acaté, on les tient iii. ans, se il ne l'a tenu pasieulement par l'espasse de l. ans, ou plus de tres ; le tamps sains Loeys fist ses ordenanches (2).

Item on le doit se il n'i a iiii. signeur entre che li qui le demande et cheli de qui le terre est tenue.

Item on le doit se elle n'est venue de pur chensel sans partir de franc fief.

Item on le doit se le terre n'est tenue à pur, sans moien du signeur qui le demande.

III. SUR LE MATÈRE DES MARQUIÉS ET DES CONVENENCHES, SELONC US ET COUSTUME.

(Quand une vente d'héritage est-elle irrévocable ?)

Vente d'yretage ne fait à tenir comment que saisine et dessaisine en soit faite, dusquez à tant que elle est raportée par deyant le signeur et wers et otrois

---

(1) Sur ces matières voyez Beaumanoir, chap. 59 et 60.
(2) Voyez *Ordonnances du Louvre*, tome 1, pages 55, 56.

et fors juremens fais (1), selonc le coustume dez lieus ; car ainsi le fait-on pour les fraudes des proismes oster.

(Tout vendeur doit garantir.)

Tous vendères doit warandir espécialment quant il s'i est obligiés par chirographe ou par serment.

(Trois choses nécessaires pour avoir suffisant titre de vendre.)

Ad che que aucuns se puist vanter que il ait souffissamment titlé de vendre, III. coses sont requises : primes que li vendères soit personne aians pooir et auctorité de vendre l'iretage comme drois propriétaires, et après que le vente soit solennisié par l'ottroi del hoir, ou par povreté jurée li tierc de mains (2).

(On ne peut, sans appeler le seigneur, livrer un terrage qu'on a sur une terre, parce que cette terre, qui doit rente, est grevée de servitudes dont elle ne peut être déchargée que par le seigneur de la vicomté. Quelles sont ces servitudes.)

Cieus qui livra le terage qu'il avoit sur le terre Raoul de l'Arbroie fist une livranche de nulle valeur pour che que par droit, par us et par coustume, terre rentaule le quelle doit rente est querquié de pluiseurs servitudes, les quelles ne sont à desquerquier, se che n'est par le signeur qui le visconté y a. Le première (servitude) si est que chis qui le terre est ne peut emmener sen ablai dusques elle est esrentée par cheli qui le rente i prent, ou par sen commandement, que il ne se meffaiche.

(1) Voyez Beaumanoir, chap. 27.)
(2) Voyez ci-dessous *Coutumes et usages d'Amiens*, art. 4.

§. Le seconde si est que s'il le maine sans esrenter, il doit LX. sols par devers cheli qui le visconté y a et tel amende qu'il appartient par devers cheli qui le terage y a.

§. Le tierche est que s'il a le rente emmené sans esrenter aveuc les meffais dessus dis, rapoestir doit le rente u camp par le coustume de pais, et ainsy, comme li drois du signeur qui le visconté ou le justice y a, soit si annexés en terre qui doit rente comme dit est, sans li appeller ne le peut on miettre en menre servitute.

(Obligation faite contre la coutume est nulle.)

Chieus qui se oblige par fait de lettres seeléez à aemplir ou à warandir aucun marquié qui est contre coustume de paiis, tele obligation n'est à tenir. Essample desseure du terage qui fu bailliés sans appeler le signeur.

(Selon l'ordonnance, toute déception doit être réparée dans tout marché, surtout la lésion d'outre moitié du juste prix.)

De le ordenanche du roy toutes déchevanches doivent estre ostéez et ramenées à estat deu en tous marquiés, et meesment quant on est déchus outre le moitié de juste pris.

IV. SEUR LE MATÈRE DES CONTREMANS ET ENSOINES SELONC US ET COUSTUME (1).

(Défendeur peut contremander.)

Toute fois que deffenderres est en droit, espécial-

---

(1) Voyez Beaumanoir, *Coutume de Beauvoisis*, chap. 3.

ment en cas de hyretage, il peut contremander et sans doubte u principal prochès, selon l'usage et coustume des castelleries.

(Exoine a toujours lieu.)

Ensoines a toudis lieu et en tous cas.

(Le contremandeur, doit dire qu'*il fut bien carquié* (chargé). Il ne peut lier ni empêcher le droit de celui pour qui il contremande.)

Quant uns contremanderres dis : je contremanc, et quient que je le die, *il me fu bien carquié*. §. Chil mot, il me fu bien carquié, il sont si substancieus et si plain de vretu que tout che que li vallès ara dit par devant qui sen maistre peust grever, tout sera ad nichilé, pour che que contremanderres par us et par coustume ne poent lier ne empekier le droit du signeur pour qui il contremande.

(Il doit offrir à jurer qu'il fut bien chargé.)

Contremanderres doit offrir à jurer et à li faire creaule, que carquié li fu à contremander de chelui pour qui il le fait.

(On ne peut contremander pour cause mobilière.)

En cas de moeble et de catel, on ne peut contremander selonc le coustume.

(Celui qui fait contremander, doit offrir témoins et serment de la bonté de son contremand.)

Quiconquez a fait contremander pour li, il doit offrir affaire sen contremant boin si tost que il re-

paire en court, en offrant sains et mains pour jurer (1).

(Malgré contremands et exsoines, on doit offrir à poursuivre en cause
principale.)

Contremans et ensoines pris ou quitiés du juge ou
de partie adverse, on se doit offrir à aler avant u
principal errement.

(Le demandeur peut contremander lorsque de demandeur il devient défendeur.)

Chil ne seut qu'il dist qui disoit que Hues ne pooit
contremander seur une preuve qu'il avoit affaire
et tesmoins à conduire, car en che caz il estoit demanderres; mais sauve se grace non estoit, puisque
li frais (fais) fu proposés aveuc les autres raisons par
manière de desfense, à fin que li demanderres ne venist
à s'entente. Toutes coses proposées du principal
deffendeur doivent tourner à fin de deffense, ne n'est
mie pour che demanderres.

(Le défendeur peut contremander et exonnier en fait de demande d'héritage jusqu'au jugement sur le principal.)

Deffenderres poet contremander et ensonnier contre demande de hyretage toutes fois et quantes fois
qu'il se part de court sans avoir jugement contre li
seur le principal.

(On doit juger la valeur des contremands et exsoines, avant de poursuivre
l'affaire au principal.)

On doit anchois aler avant seur les contremans et

(1) Voyez le Conseil de Pierre de Fontaines, chap 5.

ensoines, assavoir se il furrent de valeur, ou se il y eut deffaute ou non, que on voist u prochès principal.

V. CH'EST LE MANIÈRE DE CONTREMANDER SELONC US ET COUSTUME.

(Forme du contremand.)

Nous sommes chi venu pour contremander le jour que A. a demain par devant vous contre D. et comment que je le die, il me fu bien carquié. Et puis doit dire lendemain par devant le baillu : Je fui hier soir chéens et contremanday le jour que A. avoit chéens contre B. encore le contremande je, et comment que je le die il me fu bien carquié (1).

VI. SUR LE MATÈRE DES DEFAUX SELONC US ET COUSTUME DE PAYS.

(Trois défauts pris contre partie et un quatrième avec intimation suffisent pour lui faire perdre sa cause.)

Quant aucuns est trois fois en deffaut et seur le quart radjornés aveuc intimacion seur le cas de quoy partie feist demande contre li se il fust présens, de us et de coustume il pert, et chieux qui les deffaut a pris, requiert se demande tout aussi comme se congnute li fust (2).

---

(1) Voyez Beaumanoir, chap. 5, et la *Somme rurale* de Bouteiller, tit. 4, al. 5. Ce contremand, je pense, se faisait de vive voix.

(2) Les jugements ne pouvaient être prononcés que devant les parties présentes ; le contumax perdait sa cause. Voyez les notes de De Laurière sur les règles 8 et 14 du liv. 6, tit. 5 des *Inst. Cout.* de Loisel ; *Somme rurale* de Bouteiller, tit 5, liv. 1 ; *Grand Coutumier*, liv. 5, chap. 10.

Quiconquez demande deffaut seur autrui, il convient monstrer primes que chix eust jour contre li ou par adjornement de sergant ou par assignation de juge.

(De quelle manière on se peut défendre après vue.)

Toute fois que demande est faite partie contre autre après veue, on se peut deffendre par moult de manières selonc droit et raison us et coustume de paiis. §. Primes on peut dire raisons tendans à le court décliner, ou baillier raisonz seur bare que on ne soit tenus de respondre, ou raisons finaules à le querelle et prendre droit sur cascun et faire se retenue seur le déclinatoire ou sur le bare de délay. Et se jugemens se fait contre li d'aucun de ches II. (cas), il vient à tamps de respondre, selonc le coustume de pays clèrement approvée.

(Modèle de cette défense.)

Or disoit H. que comment que il proposast après veue raisons sur bare dilatore ad fin de nom respondre, pour che que il disoit que le veue n'estoit mie suffissamment faite, et se partie proposoit au contraire pluseur raisons, et s'en mirent en droit : le retenue H. faite se il avoit jugement contre li, de respondre sur le droit de le cose, comment qu'il eust jugement contre li quant il bailla souffissamment response sur le principal, deffalans ne fu mie et furent sez raisons rechevaules en jugement.

(Défaut pour avoir sa valeur, doit être donné par le juge.)

Nulz n'est tournés en deffaut de jour comment que on le peust prendre, se deffaute n'est prise, donnée de justiche ou requise au juge, de quoy li juges soit escondissanz de donner.

(Si le juge refuse un défaut qui de droit soit à obtenir, on peut protester.)

Protestation ne quiet mi en termes en cas de deffaut demander se li juges ne l'escondist à bailler, car se il l'escondissoit et drois donnast que on le deust avoir, là querroit une protestation pour tele vertu que elle porroit avoir.

(Le défendeur ne prend pas défaut mais obtient décharge de la demande.)

Deffenderres ne prent mie deffaut mais délivranche.

VII. EN QUEL CAS ON OM POET ACQUERRE S'ENTENCION PAR I. SEUL DEFFAUT.

(En quels cas un seul défaut en cause mobilière fait gagner son procès à celui qui l'obtient.)

Ch'est assavoir après veue, seur preuve, seur atort et sans cause, ou en cas de nouveleté et doivent estre entendu en question de moeble et de catel, car en question d'yretage on ne perderoit fors le saizine (2).

(1) Voyez à la table au mot *défaut* l'application de ces règles dans les jugés ci-dessus.

VIII. SEUR LE MATÈRE DES TESTAMENS SELONC US ET COUSTUME DE PAYS (1).

(Il faut avoir la saisine de la chose que l'on donne par testament.)

Mais d'yretage dont on n'est mie en saizine (le testament) est de nulle valeur.

(Le deuxième testament annule le premier à moins que le deuxième ne maintienne la valeur du premier.)

Par vertu du second testament li premiers est adnichillés se le personne ne disoit au derrain testament : je voel que mes premiers testamens soit tenus aveuc chesti, et adont li derrains testamenz n'est fors que I. acroissemens.

(Est nul d'une chose que l'on a à vie.)

Mais ne poent estre fais sur cose que on a à viage tant seulement.

(Il faut avoir sens et discrétion pour faire un testament.)

Il loist à cascune persone qui a sens et discrétion à faire testament, espécialement seur ses acquestes.

(Il n'est exécutoire qu'après la mort du testateur, à moins qu'il ne l'exécute lui-même de son vivant.)

Mais ne doivent estre paiiet devant le mort du testateur, se il ne le veut paiier u tamps de se vie.

(Don ou legs doit être exécuté à moins de révocation spéciale.)

Dons ou lais, fait à tenir, se il n'est rappellés par espécial.

(1) Voyez Beaumanoir *Coutume de Beauvoisis*, chap. 12, et la *Somme rurale*, chap. 105. liv. 1.

(L'héritier doit en avoir la copie. Pourquoi ?)

Li plus drois hoirs apparans doit avoir le copie du testament u tamps que il le requiert pour pluseurs raisons : §. primez pour veir se li testamens est aemplis en le manière que li testaterrez l'ordenna.

§. Item que se u testament a à débatre aucune cose qui i soit contenue u préjudice del hoir, que li testaterres ne peust faire selonc droit et coustume.

(Le censitaire ne peut donner le quint de l'héritage dont il doit le cens, sans le consentement de son héritier, approuvé du seigneur censier.)

Nulz qui tient en chensel ne peut donner ne laissier le quint de sen hyretage, se n'est par l'acort de sen hoir et confremé du signeur de qui il le tient (1), car se il le pooit faire, dont seroit ses villenages raportés à franquise, che que il ne peut ne ne doit estre par raison.

(Quelles sont les personnes qui ne peuvent faire testament.)

Ceus hors du sens, si comme serf de nature ou ediote ou de si anchien aage qu'il ne se sache conduire et qui sont hors de leur avis, ne sont tenu de faire testament; et se aucun en font si doit-il estre contés pour nient.

(1) Reste de l'ancien usage établi en France vers le neuvième siècle, de ne reconnaître valable aucune aliénation de fonds sans le consentement de son conjoint, de son héritier, de son seigneur, ou de ses vassaux, auxquels on faisait quelquefois des présents pour avoir leur consentement. *Cout. de Pouthieu* par Duchesne et Delegorgue, tom. 1, page 76. Maillard *Sur Artois*, page 570; il ajoute, page 572, que c'est un reste du droit observé par les anciens Français, Allemands et Lombards, et condamné par le pape Grégoire IX, le 5 octobre 1229. V. ci-dessus *Cout. d'Amiens*, art. 5.

(Ce que l'on peut donner, ne comprend que le quint de l'héritage.)

Quiconques donne ou laisse à une personne tout che que il li poet donner ou laissier, chest le quint de tout sen hyretage selonc le coustume, soit par testament, ou par devant boines gens.

IX. SUR LE MATÈRE DE ACQUERRE POSSESSION ET SAIZINE SELONC US ET COUSTUME DE PAYS.

(La vente n'est parfaite que par la mise en possession.)

Se aucuns veult aucune cose vendre, et il le veut, elle n'est mie pour che à l'acateur dusquez elle li est délivrée et mise par devers li.

(Possession sans titre suffisant ne vaut.)

Possessions sans title souffissant n'est de valeur (1).

(Qui désavoue tenir de seigneur perd tout ce que le seigneur prouve être tenu de lui.)

Qui tient de signeur et puis desaveue à tenir de li par devant justiche en plaidant, il doit perdre tout che que li sires poet prouver estre tenu de li (2).

(Défaut après vue fait perdre saisine.)

Qui est en deffaute après veue il doit perdre che dont li clains fu fais, ou au mains, se li claims fu de le propriété, il doit perdre saisine (3).

---

(1) Loi 3, § 1, 5, ff, *de adq. vel amitt. posses.*

(2) Voyez *Établissements de saint Louis*, liv. 2, chap. 29; Beaumanoir, chap. 45.

(5) Voyez la *Somme rurale*, tit. 5, page 27, *in fine*.

(Saisine du fonds emporte saisine des fruits.)

Et qui acquiert saisine, il ne l'aquiert mie seulement du fons, ains aquiert des uffruis qui sont sus le le fons.

(Prescription de trente ans.)

Par longue saisine acquiert on droit de propriété par l'espasse de xxx. ans.

(Le seigneur devait avoir sa cour des actions de à tort et sans cause, et de nouvelle dessaisine qui survenaient entre lui et son sujet, et si l'affaire était portée devant la cour supérieure, elle devait la renvoyer devant la cour du seigneur.)

Selonc droit commun us et coustume de pays entre signeur et subgit n'a point d'à tort et sans cause, ne nouvele dessaizine, au mains que li souverains ne doye avoir se court, et meesment de l'ordenanche de le court ; et se par aventure aucun subgit ait aucune fois dit à tort, sans cause contre sen souverain, et li souverains soit venus au jour de requerre se court de sen subgit, rendue li a esté non contrestant l'à tort, par vertu del us ou de le dicte coustume (1).

X. SEUR MATÈRE DES TESMOINS SELONC US ET COUSTUME DE PAIIS.

(Ce que disent les témoins n'a de valeur que lorsqu'ils le disent en justice.)

Se aucuns tesmoins dit volagement aucune cose anchois qu'il en soit appellés en cause de tesmongnage, pour che n'est-il mie à repeller ; car ainsi se ii.

(1) Voyez ci-dessus les jugés 4, 104, 108.

personnes me hayoient par qui seulement je porroie prouver m'entente, se il voloient, il porroient dire leur déposition avant qu'il fuissent appelé, dont il ne seroient plus à oyr, et ainsi je perderoye m'entente par fraude.

(On ne peut être témoin dans sa propre cause.)

Tesmongnier ne doit nulz pour sen pourfit, pour oster le droit qui est commis en aultre personne.

(Bailli ne peut témoigner, sergent ne le peut pour son maître.)

Tesmongnier ne doit baillu sermentés, ne sergent sermentés au pourfit de sen maistre.

(Émancipé ne le peut pour celui sous lequel il est émancipé.)

Tesmongnier ne doit chil qui est émancipés (1) pour cheli soubs qui émancipation il est.

(Un fait prouvé devant la justice du seigneur et de ses hommes, ne doit être que recordé par eux et non prouvé par leur témoignage.)

Chis ne fu mie bien avisés qui proposa et offri à prouver 1. fait de court fait et raporté par devant signeur et hommes, li quels fais se devoit faire, par droit, prouver par recort, et dont conduist ses preuves par singuliers tesmoins; ne che ne li valut che se i conduist le signeur et les hommes, quant il les conduist ne mie comme recordeurs, mais comme singulières personnes.

XI. DE RECHEVOIR PROCUREUR.

(Procureur doit être établi par lettre scellée.)

Se aucuns est de tele condition que il use de seel,

(1) Voyez Somme rurale, liv. 1, tit. 100.

il peut estaulir procureur par lettres seelées de sen seel, et se il n'est homs usams de seel, il peut estaulir procureur par les lettres du signeur sous qui il couque et liève.

XII. AD FIN QUE I. HOMS (NE) SOIT TENUS DE FAIRE RESSÉAN-
DISE SEUR SE TERRE.

(Raisons que peut alléguer un homme pour ne pas demeurer sur sa terre.)

Primes il peut dire, se ainsi est, que le terre n'a point d'issue à froc de rue. §. Item qu'il ne porroit aler au four de sen signeur qui l'acuse fournier, ne au puch, ne à le communité de le ville par deseure le fief de sen signeur, ne onques n'i eut voie commune par desseure sen fief.

Item il n'i eut onquez maison pour manoir, ne voye commune, ne onquez n'i manut personne; ainchois l'a tenu A. et si devanchier bien et à pais l'espasse de XXXI. an et plus sans faire réséandise.

Encore poet on dire, se il est ensi, que on n'i a que le moitié, et l'autre est à le mère se femme, pour che fu acqueste.

XIII. SEUR LE MATÈRE DEZ CAVILLATIONS DONT ON USE COM-
MUNÉMENT EN TOUS ERREMENS SELONC US ET COUSTUME.

(Fait proposé doit être nié ou peut être refuté par bonne raison.)

Fais proposés, se niés n'est de partie adverse, chil qui l'a proposé le poent tenir pour approuvé, ch'est voirs se le partie adverse ne dépeiche le fait par raison; car il le peut faire aussi que je disoie que R. me eust laissiet un yretage et partie sans (nier) le fait, pro-

posast que tel lais n'est de valeur pour che que laissier ne le pooit et qu'il n'en estoit en se saizine (1).

(On doit observer les coutumes claires et notoires.)

Us et coustume de pais font à warder par les juges et jugeurs, et doivent avoir rewart as coutumes
du lieu qui clères sont et notoires sanz interpréter
au contraire (2).

(On peut demander l'éclaircissement de toute chose obscure avec réserve d'y
répondre ainsi qu'aux demandes ajoutées au principal, et cela jusqu'au
jugement.)

Toutes fois que partie baille aucune cose orbement,
il loist à demander déclaration, et sur che faire se
retenue de respondre, se jugemens se fait contre li ;
ou quant il voit aucun adjectif mettre aveuc sen
principal, qui au claim faire ne fu mie proposés,
deffendre s'en poet qu'il ne fait à rechevoir par manière de bare ; et se jugemens se fait contre li, à tamps
vient de respondre.

(On peut augmenter ses productions et ses procédures jusqu'à la mise en
jugement.)

On poet augmenter en sen errement (3) dusquez
à tant que on sest mis e(n) jugement et fermés sus le
principal de le cose (4).

(1) Voyez Beaumanoir, chap. 7, pag. 47.
(2) L. 1, Cod. Quæ sit longa consuet. Voyez Conseil de Pierre de Fontaines, chap. 15, nº 4.
(3) Voyez le Gloss. de De Laurière au mot errement ; Beaumanoir, chap.
61, page 318, in fine ; chap. 50, in fine ; chap. 7, page 49, lig. 7, 8, et
ci-dessus jugés 31, 36.
(4) Etabliss. de saint Louis, liv. 2, chap. 14.

(On ne peut pas revenir sur sa renonciation à apporter d'autres raisons que celles alléguées déjà devant la cour.)

Qui résigne à aporter raisons aultres que chelez que il a bailliés devers le court, escous à de aporter autres.

(Les coutumes doivent être gardées à l'égard de ceux qui meurent à l'armée, sauf les lettres de grâce du roi qui permettraient d'y déroger.)

Morir en ost ne porte nul préjudice à che que lez coustumes du pays ne soient wardées, se grace du roy ne s'i offre, meesment quant on a les saudées mercenaires.

(Jugements rendus ailleurs que dans le pays où la coutume a lieu ne la détruisent pas, quoique les jugements et les ordonnances de Paris puissent être suivis (quand ils n'y sont pas contraires.)

Jugemens fais en autrui court ne restanquent mi le coustume aouverte en le court où le questions est mute: ne à che ne doit contrester che que H. disoit que li jugement qui sont fait à Paris, et les ordenanches, pour che que elles sont faittes par boin conseil et chertain, doivent estre tenues et rewarder les autres personnez en autel cas.

(Moyens plaidés divisement contre deux personnes, ne peuvent être proposés conjointement contr'elles.)

Chieux qui aporta sez raisons conjoinctement contre ii. personnes contre lesquellez il avoit plaidié diviseement, ne fu mie sages, car il ne les port mie ensi comme elles furent plaidiés, et, pour che, ne furent elles mie rechutes.

(On juge sur le record du plaidoyer de celui qui ne produit au jour assigné ses raisons par écrit et sur les moyens écrits de l'autre partie.)

Chieux qui au jour assigné du juge n'aporte ses raisons par escript, pugnis est par tel manière. Car on juge parmi le recort de sen plaidié et parmi les raisons escriptez de se adverse partie.

(Le fait principal nié, on ne peut prouver les faits accessoires à moins qu'ils ne soient contraires au fait principal.)

Chieux qui nié a le principal ne fait à rechevoir en fait qui voelle depuis proposer, se il n'est droitement contraires au principal.

(Qui demande à prouver deux faits conjointement, les doit prouver tous les deux.)

Qui offre à prouver II. fais conjoinctement et se deffent de prouver l'un, cose qu'il ait prouvé ne li vaut. Et pour che M. qui avoit offert à prouver II. fais : l'iretage estre vendus par condicion et les levuées de VI.ˣˣ libres estre jà faites; pour che que elle ne prouva les levées comment que elle eust prové la vente, il (fu dit) que elle n'avoit mie prouvé.

(Qui répond à un fait de la cause lorsqu'il avait proposé une exception dilatoire, renonce à son exception.)

Qui respont à un fait, seur dilatoire à fin de non respondre par manière de bare et doit proposer title, s'escousa à se bare et ne doit de loenguez avant estre rechute.

(Celui qui propose une coutume que l'on nie et ne l'offre à prouver, perd sa cause.)

Chieux qui proposa le coustume le quelle partie li

ma et il ne l'offri mie à prouver (1), deubt bien perdre s'entente pour che que se le coustume fust tele que
il le proposoit, il eust acquis et waignié se querele,
et autant doit perdre que il eust acquis se il l'eust
(prouvé).

(Des raisons locales et spéciales peuvent faire abroger une coutume.)

Tous jours demeure généraux coustume entière-
ment en se vertu quant raisons locax ou espéciax ne
sont proposées au contraire.

(Coutume non niée est prouvée.)

Coustume proposée qui n'est niée de partie adverse doit estre tenue pour aprouvée (2).

(Mais on doit offrir à la prouver.)

Mais proposés qui niez n'est de partie, se il n'est
offers à prouver, il est adnichillés.

(Celui qui doit voir peut ne pas aller à la vue.)

Ou cas de veue (3) faire, chieus qui a le cose à
veir n'i va mie se il ne veut.

(Journée assignée par le juge n'a que deux heures.)

En journée assignée de juge n'a que II. eures :
l'une de soleil levant dusquez à miedi, l'autre de re-
levée dusquez à soleil escousant (4).

---

(1) Voyez Loisel, *Inst. Cout.*, liv. 5, tit. 5, règ. 11, et les notes de
De Laurière.

(2) Beaumanoir, chap. 24.

(3) Les vues et montrées ont été abrogées par l'ordonnance de 1667,
art. 5, tit. 9. Les Romains les pratiquaient. Voyez Imbert et son annota-
teur Guénois, liv. 1, chap. 19.

(4) Voyez ci-dessus jugé 11.

(Différentes heures du jour ; on doit garder celles que les parties prennent.)

Toutes heures que parties prendent font à warder en le manière que on les prent soit à soleil levant, à prime, à tierche, ou à miedi.

(En action personnelle on doit répondre devant le seigneur sous lequel on couche et lève.)

En pure action personne(lle) nulz n'est tenus de respondre fors pardevant le signeur sous qui il conque et lieve.

(Fait proposé et nié doit être prouvé, sinon on doit l'amender et donner son gage.)

Qui i. fait propose que partie adverse nie, se il ne le veult prouver, il le doit amender à le justiche et ploiier sen wage.

(On peut toujours répondre quoique le garant qu'on a appelé ne vienne pas au jour marqué ; raisons pour lesquelles on appelle garant. Voyez ci-dessus *Coutume de Ponthieu*, etc., n° 1, al. 6.)

Qui demande warant d'aucune cose et ses waranz li faut au jour, il vient assès à tamps de respondre, car on demande warant pour ii. coses : l'une pour che que on sache prendre voye par quoy on se puist deffendre à cheli qui warandir doit, l'autre pour che que se on n'avoit sen warent souffissamment sommé, on aroit fali d'avoir retour à li, se on perdoit se querele.

(Faits proposés et prouvés, donnent avantage à celui qui les propose pour la fin du procès.)

Tout fait proposé, se il sont prouvé, donnent au

proposant pourfit qui du fait poet descendre à le fin
là (où) on les propose.

XIV. SEUR LE MATÈRE DE CAS DE CR(i)ESME SELONC US ET COUSTUME.

(Celui-là est convaincu qui, accusé de crime, ne comparaît pas aux jours qui
lui sont assignés par le juge.)

Qui est appelés sur cas de criesme, de traison ou de
larrechin, il convient qu'il se comparoisse à journées
toutes qui assignées li seront du juge, et, se il deffaut,
attains doit estre du criesme de quoy il est accusés.

(Si arrêté en cour, il ne revient au jour qui est assigné, il est convaincu du
crime comme celui qui s'échappe de prison. Voyez ci-dessus page 2.)

En tous cas de criesme qui arrestés en court et ne
revient à se journée qui assize li est, attains est tous
aussi bien que se il eust prison brisié, car il se fait
absens de che de quoi il deveroit metre se présence
par devers le juge. §. Et en cas de criesme qui brise
prison, attains est du fait selonc droit et raison us et
coustume de paiis aussi bien que se il eust le fait
connut (1).

(Nul ne peut poursuivre jugement pour autrui s'il ne peut lui-même subir
les conséquences de la condamnation qui pourrait être prononcée contre
celui qu'il représente.)

Nulz ne poent comparoir à poursievir jugement
de quoi il ne porroit faire response, § se jugemens estoit fais contre sen maistre et de quoi il ne porroit

(1) Voyez ci-dessus page 6, et le jugé 54. Beaumanoir, chap. 50, page
149, al. 12.

souffrir l'exécution ; meesment en cas de criesme publique de quoi mors d'omme se poet ensievir ; et appert que che soit voirs , car i. procurerres ne se combateroit mie pour sen maistre se il ne l'avoit appellé à avoué ; et se il le voloit appeler à avoué , il converroit qu'il fust présens pour li baillier l'avouesrie; ne li procurerres ne recheveroit mie le mort pour sen maistre par droit ne par coustume; ne il ne porroit baillier response du cas de criesme ; car on ne li recheveroit mie (1).

(Conditions qu'une procuration doit avoir pour être valable.)

Qui veult aporter procuration souffissant, il i convient ii. coses conjointes ensanle, et si ne poet l'une sans l'autre : primez il convient escript parlant selonc fourme de procuration ; item il convient que il soit seelés aiant forme connissanle selonc che que il appartient à seel; et se il deffaut de l'une de ches ii. coses ; che n'est mie procurations qui fache à tenir ne à rechevoir, ainchois est abusions à l'aportant (2).

XV. COUSTUME.

(On ne paie aucun droit au seigneur lorsque l'on loue ses terres, maisons et cens, même à de longs termes ; mais si l'on veut avoir lettres du seigneur, on paiera un droit pour la cire du scel.)

Selonc le coustume de Pontieu, de Vimeu, de le baillie d'Amiens et de pluseurs autres lieus , toutes fois que il plaist une personne à louer sez terres,

(1) Voyez Beaumanoir , chap. 61, et les *Inst. Cout.* de Loisel, liv. 6, tit 4.

(2) Voyez Beaumanoir, chap 4: *Somme rurale*, tit. 10.

maisons, chens ou autres coses à ix. ans, à x. ans ou à plus, faire le poent, et sans che qu'il paieche les ventes au signeur de qui il le tient, ne qui il en doye nulles, et ne l'em poet li sires en riens contraindre(1). Mais se li acaterres veult avoir lettre du signeur, li sirez ne li baillera mie, se il ne li plaist, se li accaterez ne paie le chire, ou chieus qui loue, se convenenche le porte.

XVI. DE DROIT ESCRIPT.

(De deux choses demandées, l'une accordée, l'autre semble déniée.)

(Clers d'église doit toujours conclure à fin civile.)

Drois dist : qui demande ii. coses et l'une li est (accordée,) il poet sanlle(r) que l'autre li est deniée.

§. Tout clerc qui sont de église ou qui ont entente d'estre ordené, toutes fois que il proposent aucuns fais devant le roy ou devant laies justiches contre aucunes personnes qui poent touquier criesmes en aucune manière, doivent dire en le fin de leur raisons quant il ont conclut : che que j'ai dit, je l'ai dit à fin civile.

(1) Voyez Inst. Cout. de Loisel avec les notes de De Laurière, liv. 4, tit. 2, reg. 14.

ANCIENS USAGES D'AMIENS

1300-25.

CHE SONT LES COUSTUMEZ ET LI USAGE DE LE CHITÉ
D'AMIENS.

I. (Juridiction du maire et des échevins en cas d'héritage et de possessions.)

Li maires et li esquevin ont le connissanche et le jugement de tous débas d'yretages et de possessions de le chité et vile, excepté che qui est tenus de fief de quoy li jugemenz et le connissanche n'en appartient point à aus.

(Leur juridiction en cas de marché et de conventions faites dans leur banlieue.)

Il ont le connissanche et le jugement de tous les débaz de marquandise et de tous marquiés et de toutes convenenches qui sont faites dedens leur banlieue, se termes n'est donnés de le debte; § et se termes ou respis en est donnés, tant comme as debtes le connissanche en appartient au prévost et au visconte.

(Leur juridiction en cas de forfaits, de violences, de mêlées qui arrivent dans leur banlieue.)

Il ont le connissanche et le jugement des fourfais, des violences et des mellées qui sont faites par dedens leur banlieue, et poent enquerre des fais et tesmoins oyr, mais il convient que li prévos le roy i soit appelées § ou ses commans, car sans li ne poent-il oyr tesmoins, se li prévos ou ses commans (1) ne les conduisoit.

(1) Substituts, *mandantis nomine agentes.*

(Ils ont la connaissance des assurements, paix, etc.)

Il ont le connissanche de faire asseurer parties quant maneches sont provéez ; et se le maneche n'est prouvée, il poent comander à tenir boine pais ; et se aucuns enfraint l'asseurement donné ou le pais, li maires poet enquerre de l'enfrainture, le prévost appellé ; et selonc l'enqueste li maires et li esquevin jugeront le malfaiteur et le pugniront selonc le meffait(1).

(Comment ils doivent rendre leurs jugements.)
(Cas où le prévôt n'y sera pas appelé.)

Li maires et li esquevin n'appeleront ne ne consentiront que à jugement qu'il faichent li prévos le roy soit, mais quant il aront fait leur jugement et il en seront à i (2), il appelleront le prévost ou se n commant, avant qu'il le dient, et li diront le jugement qu'il pensent à rendre, se ch'est jugemens ou il appartiegne amende, là où li roys et li signeur prengnent, ou li roys sans les signeurs ou jugemens ou il appartiengne justiche. Car de jugemens d'iretages ne de possessions, ne de convenences, ne de marquiés là où il n'ait point de terme, li prévos ne sera point appelés, ne à tesmoins oyir, ne à jugement faire ne rendre.

(1) Voy. chap. 59 et suiv. de Beaumanoir ; la trente-neuvième dissertation de Ducange sur Joinville, surtout page 541, le dictionnaire de Du Cange au mot *camponum oblationes*, pages 109 à 115, et l'*Histoire de la ville d'Amiens*, par le père Daire, édit. 1757, page 103 : il y cite un passage de la *Cout. d'Amiens* contenue dans le Mss. Lavallière, no 1187, bibl. roy., que publie dans ce moment M. Aug. Thierry dans le premier vol. de l'*Hist. du tiers-état*.

(2) Sous-entendu : jugement prononcer.

(Ce que seulement ils doivent faire en cas de rapt ou de meurtre.)

Li maires et li esquevin ne sont à meller en nulle
cose du rat ne du murdre, car ch'est le roy sans part
d'autrui ; mais il sont bien tenu à conforter, et à consillier, et à donner forche et ayde au prévost le roy ou
à sen command en cas de rat et de murdre se li prévos ou ses commans leur en requiert, et nient autrement.

(Ils n'ont aucune juridiction dans la terre de l'évêque en cas d'héritage et
de possession.)

Li maires et li esquevin ne sont à meller de nul
cas, quel qu'il soit, ne de yretagez, ne de possessions
qui aviengnent, ne qui soient u Hoquet, ne en
Riquebourt, ne en le vingne l'Evesque : car ch'est
terre l'évesque, si en appartient à li le justiche en
toutes cosez.

(Ils ont toute justice dans les lieux où les seigneurs ont justice de catel,
c'est-à-dire de choses mobilières.)

(Si un habitant de la terre de l'évêque se rend coupable d'un forfait dans
le territoire de la ville, il faut distinguer s'il n'est pas pris ou s'il est
pris sur le fait ; dans le premier cas, la justice en appartient à l'évêque,
dans le second au maire et aux échevins.)

(Les règles ci-dessus sont réciproques entre les deux justices.)

En tous les lieus là où li évesquez et li capitres et
autre signeur ont justiche de catel qui les y ont par
raisons de fief, li mairez et li esquevin y ont toute
justiche quant elle y esquiet en tous cas, exepté le
murdre et le rat ; ne jà pour le justiche de catel, ne lairont qu'il ne justichent les hyretages et les personez
couquans et levans en ches lieus.

§. Se aucuns de le terre l'évesque comme du Hoquet, de Rikebourc et de le vingne l'Evesque, fait aucun fourfait en le terre de le ville, hors cas de criesme, et il n'est pris seur présent fait, et s'en voist en le terre l'évesque et après reviengne en le terre de le ville; li maires et li esquevin ne le poent arrester, ne li prévos pour chest fait; mais se il en voelent avoir droit, il le doivent monstrer à le justiche l'évesque, et le justiche l'évesque le doit faire amender au roy et à le ville. Et s'il est pris en fait présent, et ch'est sur cas de criesme, li maires et li esquevin le tenront et enquerront du fait, et selonc sen meffait il le pugniront. Et se ch'est en cas de rat ou de murdre, li maires ne li esquevin ne s'en melleront, mais li roys le justichera. Et se ch'est de cas hors criesme, et le gent l'évesque le requièrent come leur home, ou leur couquant ou leur levant, li maires leurs requerra et assignera jour par devant li à cheli qui meffait a de prendre droit par le maïeur et par les esquevins, selonc l'enqueste qu'il en aront, le prévost présent, et sera pugnis selonc sen meffait. Et quant li malfaiterrez sera jugiés en l'amende, il convenra que le gent l'évesque le fachent paier ou il restaulissent en le main du maïeur et des esquevins le personne que on leur ara replegié. (1) §. Et autretel est-il en tous les cas devant dis, des bourgeois et des coukans et des levans de le ville d'aucun cas s'il avenoient en le terre l'évesque, et le doivent faire

---

(1) Rendus sous caution : je pense qu'ils avaient revendiqué.

aussi que on leur fait; et se il ne le voloient faire,
on ne leur feroit mie, car ch'est I. usages fais par
amistié et qui est boins à tenir.

II. (Les gens de métiers habitant le territoire appartenant à l'évêque, doivent
observer les statuts de leurs métiers aux commandements des mayeurs
des bannières, faits par le conseil du maire et des échevins d'Amiens.)

(Ils doivent le samedi avoir leurs tours aux étaux pour toute la semaine.)

(S'ils encourent une amende et qu'ils soient rebelles à la payer, l'inspecteur les traduira devant la justice de l'évêque.)

(Si l'inspecteur trouvait dans la ville des denrées mises en vente en fraude,
il les arrêterait et ferait présenter aux maire et échevins qui en feraient
justice.)

(Les gens de l'évêque et ceux de sa terre ne pourraient les réclamer qu'en
payant l'amende; et s'ils ne voulaient s'y soumettre, les gens de la
terre ne pourraient plus vendre dans la ville.)

(Les mêmes règles s'observent à l'égard des hommes du chapitre.)

Le gent de mestier de le terre l'évesque soient
boulenghier, bouchier, taneur, sueur, merchier, co-
riier sont tenu de warder les estatus qui sont en leur
mestier au commandement des maïeurs dez banières; liquel commandement sont fait et le doivent
estre, du conseil du grant maïeur et les esquevins
d'Amiens. Et doivent avoir chele gent de mestier
leurs tours as estaus le samedi par leur droiture
paiant, et toute le sepmaine continual vendre leurs
denrées là où il ont as coustume sans faire tort à autrui; et s'il caioient en aucune amende par le raison
de l'esward de leur mestier, §. et se li eswardeur des
mestiers les voloient pugnir en levant l'amende ou à
faire che qu'il y appartient, et chil qui meffait aroient
estoient rebelle, li eswardeur du mestier le doivent

monstrer à le justiche l'évesque, et le justice l'évesque les doit pugnir en se terre et est l'amende leur.
Et se li eswardeur des mestierz trouvoient as estaus
par dedens le ville, ou sans estaus, denrrée apperte-
ment mises à vente, ou qui fuissent souspechonneusez
sans mettre à vente, li eswardeur du mestier les porroient arrester et venir au maïeur et as esquevins, et
seroient les denrées pugnies selonc leur fourfaiture,
et selonc che qu'il le converroit faire, si comme on a
acoustumé d'usage. Ne en chesti cas le gent l'évesque n'aroient mie les derrées de leur hommez, ne
l'amende, fors pour l'amende paiant, le quele amende
seroit à chiax à qui elle appartenroit selonc usage;
§. et se le gent le vesque ou aucun de se terre estoient
rebelle as cosez desseure dictes, le gent de le terre ne
venderoient en le ville, ne tenroient estal, ne officine;
et aussi est-il des hommes de capitre en le forme
dessus dicte.

(Le maire et les échevins jugent les débats des héritages de la cité.)

Li maires et li equevin jugent le débat de tous les
hyretages de le chité, et en donnent à cascun sen
droit à leur ensient et par jugement (1).

(On ne peut être maire deux années de suite ; les parents jusqu'aux cousins
germains ne peuvent être échevins ensemble.

Nus ne peut estre maires d'Amiens ii. anéez en
ensievans l'une après l'autre. Ne nulz frèrez, seron-

(1) Voyez ci-dessus art. 1, initio.

ges, ne pères, ne fieulz, ne genres, ne cousins germains ne poent estre esquevin ensanlle en une anée.

(Chaque bannière nomme son mayeur ; ceux des gardes et des mesureurs sont nommés par le maire et les échevins d'Amiens.)

Cascune banière fait sen maïeur fors li waides et li mesureur ; et li maires et li esquevin d'Amienz font de ches ii. banièrez, maïeur.

(Le maire et les échevins désignent trois personnes ; les mayeurs des bannières choisissent une de ces trois personnes pour en faire le nouveau maire qui doit prêter serment ; peines qu'il encourra s'il n'accepte la charge de maire.)

Li maires et li esquevin nomment par leur sermens, iii. personnes de leur esquevinage ou de dehors leur esquevinage, pour faire maïeur de le chité de l'un de ches iii., et portent as maïeurs de banières ches iii. personnes, et li maïeur des banières en prendent i. par leurs sermenz, le plus souffissant, et ne le poent li maïeur dez banières refuser que li uns de ches iii. ne soit pris. Et convient que chis qui pris est faiche le serment de le mairie : et, se il ne veult faire, on abatera se maison, et demourra en le merchi du roy au jugement de esquevins.

(Nomination des échevins par les mayeurs et par eux-mêmes.)

Li maïeur de banièrez font xii. esquevins et maires nouviaus, et chil douze esquevin en font xii. autres.

(Nomination des quatre conteurs ou receveurs de ville par les mayeurs des bannières ; peines qu'ils encourent s'ils n'acceptent leur office.)

Li maïeurs des banièrez font iiii. conteurs qui les

deniers de le ville et les rentes et les présens et les cauchies de le ville font et wardent : et li mairez et li
esquevin donnent à cascun sen office de ches officines IIII. Et se il en i avoit aucun rebelle qui l'office ne
vausist prendre, on abateroit se maison et l'amenderoit au jugement de esquevins.

(Quoique le maire, les échevins, les conteurs ou l'un d'eux eussent souffert
les peines que leur ont fait encourir leur refus, cela ne les dispenserait
pas d'exercer leurs offices.)

Se li maires qui eslus seroit refusoit le mairie et
vausist souffrir le damage, jà pour che ne demourerroit qu'il ne fesist l'office. Et se aucuns refusoit l'esquevinage, on abateroit se maison et l'amenderoit
au jugement de esquevins, et, pour chou, ne demou-
reroit mie que il ne fesist l'office de l'esquevinage.

Se li IIII. conteur ou li I. d'aus estoient rebelle de
faire leur office, il seroient pugni aussi comme li esquevin, et pour che ne demourroit mie qu'il ne fe-
sissent leur office.

(Les quatre sergents du maire cessent leur office lors de la nomination de
ce dernier ; comment ils sont renommés.)

Li IIII. sergant le maïeur mettent jus leurs verges
le jour que on fait maïeur ; et li maires et li esquevin quant il sont fait, leur rendent, se il veulent ;
et, se il les voloient donner à autrui, il les porroient
donner, mais onquez ne fu fait, se il n'i eut cause.
Et se aucun de ches IIII. sergans trespassoit ou estoit
mis hors du serviche, li maires et li esquevin porroient donner le vergue de commun assentement ;

et là où li plus s'acorderoient, il seroit donné : ne li maires ne li esquevin ne le poeut mie donner se n'est en plain esquevinage assanle, à cloque ; se il n'estoit ainssi que en esquevinage, anchois qu'il fust esqueus, li eust-on pramis ou il li fust octroiiés par acort de esquevinage ; et, s'il estoit ensi, li maires le porroit douner en le présence d'aucun de l'esquevinage.

(Le maire ne peut donner la jauge (mesure) qu'en échevinage.)

Li maires ne peut donner le gauge fors par esquevinage assanle, à cloque, s'il n'est ottriés à le personne par esquevinage avant qu'il soit esqueus. Et se il li est ottriés en esquevinage, li mairez le poet donner sans l'esquevinage aussi que de ses sergans, en le présence d'aucun de ses esquevins.

(Il peut donner par lui-même les autres offices de la ville.)

Li maires poent donner toutes les autres officinez de le ville sans parler à nul de ses esquevins, mais bien se prende warde qu'il ne le doinst à personne où il se meffache, car ch'est de sen office et seur sen sairment.

(Le maire ne peut appeler personne au conseil de la ville sans l'avis des échevins.)

Li maires ne peut nulluy appeler au conseil de le ville se che n'est par le conseil des esquevins.

(Le maire ne peut destituer personne sans l'avis des échevins.)

Li maires ne poet ne ne doit de nulluy qui soit au

conseil de le ville, ne nulle officine oster de sen serviche, se il ne le fait par conseil de esquevinage.

(Le gardien du beffroi, les charpentiers, les maçons, doivent être nommés
par l'assemblée des échevins.)

Il convient que li cheppiers qui warde le beffroi
soit mis u serviche par conseil dez esquevins et plain
esquevinage, et qu'il soit homs de boine renommée.

Il convient que li maistres carpentiers et machonz
de le ville qui font les oevres de le ville soient mis
en leur serviche par esquevinage, et que che soient
personnes creaules.

(Déchargeurs obligés de venir au son du beffroi ; tenus de le sonner, pour
ce quittes de la taille ; leurs maladies ne les empêchent pas de partager
avec leurs compagnons ; il en est de même des jaugeurs et autres offi-
ciers de la ville, sauf des quatre sergents du maire.)

(Les sergents du mayeur ont seuls le droit de faire les semonces et porter
recort.)

(Toute personne doit venir au commandement du maire s'il y a péril en
la demeure.)

(On est tenu de prêter main forte à un sergent ou à un garde qui veut arrêter un malfaiteur.)

Li desquarkeur sont tenu de veni à berfroy quant
il oent bondir le grant cloque et sont tenu de sonner
le et par che sont-il cuite de le taille. Et se aucunz
descarquerres est malades qu'il ne se puist aidier, il
partist à tous ses compaignonz aussi bien comme s'il
faisoit sen office : mais se il estoit haittiés , et par se
deffaute il ne faisoit sen mestier, il n'i partiroit
riens ; et si longement porroit targier que il perderoit le mestier, et le donroit ou à autrui si

comme on l'a acoustumé à donner. ç. Et aussi est-
il des gaugeurs et de tous autres officines de le
ville; exeptez les iiii. sergans le maïeur, car se li
i. est malades et il ne peut faire ses semonces, il
ne partist mie ad semonces de ses compaignons.

ç. Nulle semonce qui soit faite des sergans le maïeur ne vault, fors des iiii. sermentés où de l'un
d'aus, ne ne porte recort qu'il soit semons dont on
puist amende lever. Mais se li crierrez des corps qui
crie les bans, ou chieus qui quiert les canes de le
ville, aloient du commandement du maïeur querre
aucun, chis qui mandés seroit doit venir au maïeur;
mais se ch'estoit en cas là où il convenist qu'il fust
adjournés sans péril, il ne responderoit point s'il ne
voloit devant che qu'il seroit adjornés. Mais se aucuns sergans ou waite voloient prendre aucun malfaiteur, cascuns de le ville est tenus d'aus aidier les
à prendre et de faire ent leur pooir; et qui chou ne
feroit, §, il l'amenderoit au jugement de maïeur et
d'esquevins.

(Défense de cueillir de l'herbe ou de conduire des bétes dans les blés et
avoines avant l'époque permise.)

(Le maire seul peut permettre d'enlever des gazons et herbes dans les pâtu
rages.)

On doit deffendre lez blés et les avvaines cascun
an que uns ne voist ens coeullir herbe ne mettre
bestes u tamps et en le saizon quant li maires voit
que poins est. § et ly pastich et li mares doivent estre
wardé de prendre wasons ne praiel de quoy li pas-

tich soient empirié ; ne nuls n'en doit donner congié
de prendre fors li maires

(Les fossés et les forteresses de la ville doivent être réparés et entretenus
par le maire et les échevins pour le commun de la ville.)

(Les héritages de la ville sont loués et affermés par les maire et échevins ;
ils ne peuvent l'être qu'à terme.)

Li fossé et les fermeté de le ville sont à soustenir et
à retenir au maïeur et as esquevins pour le commun
de le ville. Et li yretage appartenant à le communité de le ville, si comme les maisons leur, les portes
et les estaus à bouchiers et les cressonnières sont bailliés par maïeur et par esquevins. Les maisons et les
cressonnières et les autres rentes de le ville ne pevent
estre bailliez fors à terme ; à vie n'à yretage on ne les
peut baillier.

(Le maire doit prendre le conseil de ses échevins pour punir les sergents et
autres employés de la ville.)

Li maires doit sez sergans et tous chiaus qui ont
les officines de le ville pugnir et corrigier par conseil de ses esquevins.

III. (Égalité de partage et de sexe pour les héritages faisant partie de la cité
d'Amiens)

(Les pères et mères peuvent donner leurs acquêts ; leurs enfants partagent
également ce qu'ils n'ont pas donné.)

En tous les hyretages de le chité que li homz
et le femme ont, partissent autant li aisnés de leurs
enfans comme li mainsnés , et le femme comme li
homs. Et , se il y a acquestes , li pèrez et le mère en
poent faire leur volenté ; et, se il en font nul devis,

il enfant partiront par conte d'oirs ; et, se il en font devise, le devise est tenue : et si poet li uns d'aus ii. faire sen devis de se partie , et li autres ne le fait mie s'il ne veult ; li devis de le partie à chelui qui fait la est tenus , et le partie qui n'est devisée va as hoirs.

IV. (On peut donner le quint de son héritage; si c'est à gens de main morte, ils le mettront hors de leurs mains dans l'année de la sommation à eux faites, sous peine de confiscation des fruits.)

Cascuns peut donner le quint de ses hiretages à cui que il veult sans faire tort à sen hoir, mais se il le donnoit en morte main , il covenroit que le morte mains le mesist hors de se main dedens an et jour que le justiche l'en aroit sommé; et , se dedens là ne l'avoit fait, li roys , li maires et li esquevin prendroient tous les fruis et les pourfis et seroient fourfait au jugement du maïeur et des esquevins.

(L'héritier peut ne donner que la valeur du quint en argent ; comment il doit être estimé.

Se aucuns quins estoit donnés seur aucun hyre- tage, chil à qui il ert donnés n'ara mie l'yretage du quint, se chil ou chelles ne veulent qui li hyretages est, mais tantost il finera d'argent sec le valeur que li quins vaut, se il se poent concorder à cheli qui li quins y ert donnés ; et, se il ne se poet concorder del argent sec, li quins sera prisiés par droite estimation du maïeur et des esquevins et de leur conseil; et converra que chil ou cele à qui li quins est donnés prengne l'argent ; et, se cil qui l'yretages est, ne votantost paiier l'argent, chieux à qui l'iretages seroit donnés emporteroit le quint, et seroit li quins partis et seroit siens comme se acqueste.

(On ne peut quinter un héritage qu'une fois.)

(Cas où l'on peut de nouveau quinter un héritage.)

On ne poet quintier hyretage que une fois; et tant que l'iretagez qui a esté quintiés demeure en le main des hoirs quel lointaing que il soient, ne de queus degrés che soit deschendus, on ne le peut jamais quintier, aussi bien si fine pour l'argent comme s'il baille l'iretage : or fait-il que sagez qui instrument em prent quant l'yretages est quintiés. Mais se li hyretages issoit hors du costé de l'oir quel lointains qu'il fust, et aucuns l'accatast as hoirs ou à le justiche, se li lieus estoit fourfais dez hoirs, chieus qui trespasseroit sans faire ent devis, et il escaoit à ses hoirs, ou se il le debvoit à sez enfans, aussi bien à un comme à pluseur, il carroit de nouvel en hyretage et prenderoit costé, et aussi li hoir à cui il esquerroient, porroient tout de nouvel de requief donner le quint del hyretage sur les conditions dessus dittes, et seroit pour le cause du nouvel costé.

(Le quint racheté par argent devient acquét appartenant à l'acquéreur.)

Sascuns qui resqueust le quint qui est donnez seur sen hyretage pour pris de l'argent, qui est prisiés, ch'est s'aqueste, et em poet faire se volenté comme de s'aqueste (1).

(1) Voyez ci-dessus pages **62**, **63**.

V. (On peut vendre ses acquêts sans être obligé de les offrir à son héritier
pour le prix qu'on en trouve.)

Se aucuns vent se acqueste, ou il le veult vendre, il n'i a point d'offre tant l'ait tenu longue-
ment.

(Les enfants doivent offrir l'acquêt qui leur est donné par leur père, et s'il
leur est donné par leur père et mère, ils doivent l'offrir à leurs parents
des deux côtés.)

Se aucuns donne s'aqueste à sen enffant ou à pluseur, il quiet en hyretage, et se li enfes ou pluseurs
le vendoient il y aroit offre ; et se li dons leur estoit
venus de leur père et de leur mère ensanlle, il convenroit qu'il fust offers à II. costés ; §, le partie du
père au sien costé et de le partie de le mère au sien :
car se li enfant moroient sans hoir de leur char, li
don qui seroyent keu en hyretage revenroient cascun à sen costé ; et ensi est-il se li pères et le mère
estoient trespassé.

(Si le fils donataire vend les acquêts donnés, ou s'il meurt, le père dona-
teur aura l'offre, la mère donatrice aussi ; ensemble s'ils vivent, et
avec les héritiers de l'autre, s'il y en a un de mort.)

Se li pères ou le mère ou li pères sans le mère, ou
le mère sans le père donnoient à leurs enfans leurs
acquestez ou à l'un d'aus, et chil ou chiaus à cui seroit fais le vendoit, li pères et le mère aroient l'offre
s'il vivoient ensanlle ; et se li hom vivoit, il aroit
l'offre du don qu'il aroit fait, car u don de se femme
il n'aroit point d'offre, ne se femme du sien, puis
qu'il seroient départi par mort ; mais li costés du
mort aroit l'offre du costé du mort : et enssi seroit-

il s'il esquéoit par raison de trespas de nul des enfans.

(L'acquêt donné à un étranger, il n'y a point d'offre et il en peut faire ce
qu'il veut.)

Se aucuns homs et se femme, ou li homs puis le
mort de se femme donne s'aqueste à autre personne
que à sen effant, ch'est aqueste à cheli qui le don re-
choit, aussi bien comme ch'est à cheli qui le donne,
et em poet faire se volenté comme de s'aqueste, car
cascuns donne s'aqueste où il li plaist.

(On n'est pas forcé d'offrir son achat, et si on en a la possession annale,
l'héritier du vendeur ne peut plus le ravoir par la bourse.)

Nus n'offre sen acat qui ne veut, et qui an et jour
le tenroit puisqu'il l'aroit acaté, nulz n'aroit l'acat
par le bourse tant fust proisme.

(Formalités que doit observer le vendeur pour offrir à son parent le plus
près la vente qu'il veut faire de son héritage, et comment celui-ci doit
procéder à son tour dans ce cas.)

Se (1) aucuns veult offri le vente de sen hyretage,
il li convient offrir au plus proisme (2), et convient
que chis qui l'iretage veult, soit hom, soit femme et de
quel costé il est, soit présens. Se ch'est femme, et elle
a baron, il convient qui soit présens aveuc se femme
come avoués de se femme ; et se ch'est femme sans
baron qui soit aagié, il ne convient que elle ait nul-

___

(1) Voyez le *Gloss.* de De Laurière aux mots *Offrir au proisme*, tom.
2, page 162 ; *Pauvreté jurée*, ib., page 205 ; *Cout. de Ponthieu* par Delegorgue, art 19, ci-dessus page 62, al. 3 ; *Inst.* de Loisel avec les notes
de De Laurière, liv. 2, tit. 5, règ. 15.

(2) Du latin *proximus.* Voyez ci-dessus jugé 75, et *Coutume de Ponthieu* par Delegorgue, art. 19.

lui avoec li d'avoué présent; et se elle est desaagié, il
convient que elle ait sen cureur aveuquez li qui donnés li soit souffissamment par maïeur et par esquevins
et par l'acort de quemuns amis, se il en y a nul; et
se il en y a nul, jà pour che ne lairoit li maires que
cureur ne li donnast par le conseil de esquevins; et
covient qui li accaterres soit présens et li maires ou ı.
esquevins en lieu de maïeur et ıı. esquevins au mains;
et convient que li venderez ou le venderresse offre à
sen proisme le vente qui est faite de sen hiretage; et
dira li venderres toutes les condicions de le vente; et
se li proismez veult, il aira serment du vendeur et
de l'acateur; et se li venderres ou le venderresse est
meurez d'anz, il ara le serment du cureur; et se l'enc
ne le veut prendre, il peut demander quinzaine de li
consillier, et au quief de le quinzaine s'il veut, il ara
les sairmens et retenra se vente par le bourse, et don-
ra le prochainetés de le boursse à cui qui li plaira et
en prendra argent s'il veult. §. ne jà, ses proismez le
prochaineté n'ara, ains demourerra à chelui à qui elle
sera donnée soit privés ou estranges. Ne nulz qui soit
parenz au vendeur, puis qu'il est offert au plus proisme,
puis ne l'ara, se li plus proisme ne le voloit prendre et
le voloit quittier à l'acateur. Et se li proismes qui aroit
retenu se quinzaine ne venoit au quief de le quinzaine,
li acaterres aroit sen acat par les deniers paiant au
vendeur, et li seroit se cyrographè délivrée par le
recort du maïeur et des esquevins qui aroient esté à
l'offre faire et qui le raporteroient en l'esquevinage.
Et se li proismes voloit très le premier jour quittier

l'offre à l'acateur, ou retenir le par le bourse, il aroit les sermens du vendeur et de l'acateur, se il voloit, que ès conditions de le vente n'aroit ne fraude ne barat. Et se li proismes voloit offrir à monstrer que ès conditions de le vente n'aroit ne fraude ne barat, il converoit que li venderres et li accaterres y respondeissent : et se les fraudes estoient prouvées, le vente ne seroit mie tenue. Mais se on veoit que li proismes proposast aucune fraude et voloit avoir lonc jour de prouver, il ne l'aroit mie, ains converroit qu'il le prouvast et qu'il eust toutez ses produtionz dedens le quinsaine après le fraude, par le rason de che qu'il ne poet avoir que quinzaine de conseil del offre. Mais se li proismes y voloit demander aucun droit de hyretage, il aroit toutes ses dilations si comme on doit avoir par droit ; § et seroit oys contre le vendeur ou contre le venderresse, et convenroit que li venderres ou le venderesse y respondissent : et, selont le errement demené, on leur feroit droit.

VI. (L'héritage donné en douaire doit être désigné, il ne peut être vendu ou obligé qu'avec le consentement de la femme.)

(Il échoit aux enfants par le trépas de la femme ; ils n'y ont rien (quant aux fruits) tant que le père vit.)

(La partie que l'enfant mort avait au douaire accroît à ses frères.)

(Il en serait autrement si le père avait mis ses enfants en possession du douaire, il en hériterait alors d'eux.

(Si la femme survit, elle jouira du douaire toute sa vie, elle sera tenue de l'échanger et de retenir des biens selon sa valeur ; règles à cet égard.)

(L'héritier peut vendre la propriété du douaire.)

(Les petits-enfants héritent du douaire et non leurs oncles.)

Cascuns peut donner à se femme de sen hyre-

tage, et convient qu'il soit nommés : car se I. homs a
pluseur hyretages, se femme ne sera douée fors de
chou que nommé sera, et yert li douaires dont le
femme y ert donnée obligiés au douaire; ne ne le peut
li hom vendre ne quarquier de nulle querque se che
n'est par le gré de le femme. §. Mais par le consentement de le femme entre aus II. le poent bien vendre
ou querquier d'aucune carque. Et se elle trespassoit,
ses douaires venroit as enfans qui seroient issu du
mariage, si serviroient le père. §. Ne li pères puis le
mort de se femme ne porroit le douaire de riens car-
quier, ne li enfant n'aroient rienz u douaire tant que
li pères vesquist; ne ne porroient li enfant vendre ne
quarquier de riens le douaire tant que leurs pères
fust en vie, §. Et se aucuns des enffans trespassoit, se
partie du douaire esquerroit à ses frères ou à ses
sereurz. aussi bien à un comme à pluseur et nient
au père, et seroit hyretages comme devant. §. Et
se li pères par se volenté metoit ses enffans en
possession du douaire et en tenanche à sen vivant, et aucuns des enfans moroit ou pluseur,
l'esquéanche de chiaus qui morroient venroient au
père; ne li enfant qui demoureroient en vie n'aroient
mie l'esquéance par le raison de le possession qui
baillié leur aroit esté. Et est aussi bien li douaires
fais pour I. que pour pluseur, selonc les conditions
desseur dictez. §. Se li homs moroit avant que se
femme, le femme tenroit le douaire toute se vie, et
seroit tenue au douaire eschensier et à retenir sousfissamment; et, se elle ne le faisoit, li hoir l'en de-

vroient sommer par devant le maïeur et les esquevins.
Et se par jugement de maïeur et par les esquevins,
ne le voloit, ou pooit faire, on delivreroit le douaire
as hoirs. Mais s'il avoit u douaire pluseur hyretages
de pluiseurs teneures, et li uns estoit miendres que li
autres, et elle ne vausist retenir l'un des hyretages,
elle ne perdroit fors cheli que elle ne voloit retenir
ne acquitier du chens, ne jà pour che ne perdroit
che li que elle voulroit retenir et du chens acquitier.
§. Li hoir du douaire au vivant leur mère, poent
vendre puis le mort de leur père de quel yretage li
douaires fu fais, che qu'il ont et attendent en l'yretage
dont leur mère est douée. Et se aucuns des enfans est
mariés et a enfans, si enfant aront l'esquéanche dont
leur mère est douée tant comme à se partie appar-
tenra, ne n'escarra mie à ses frères, ne à ses sereurs;
et se il en voloit douer se femme, li douaires seroit
de le condition desseure dicte.

(Les héritiers héritent du douaire malgré la confiscation des biens encourue
par le père ou la mère survivant, mais s'ils étaient condamnés à la peine
capitale et qu'ils fussent contumaces, la justice jouirait du douaire tant
qu'ils vivraient.)

Pour fourfait que li pères fourfache puis le mort
de le mère, ne le mère puis le mort du père, li
douaires ne poet estre empekiés que il ne viengne as
hoirs qui sont issu du mariage, aussi bien de l'un
comme de pluseur, ou as hoirs qui de chiaus seront
issu; mais se il fourfaisoit le corps, et il n'estoit tenus, tant comme il viveroit le justiche tenroit les
profis du douaire.

(Un homme qui se marie plusieurs fois et qui a plusieurs héritages, peut douer chacune de ses femmes d'un héritage.)

Se li homs a pluseur hiretages ; des hyretages dont il n'ara point doué se femme, il porra, s'il se marie, douer de sen hyretage que il nommera à se femme que il prendera ; ne li enfant de se première femme n'aront riens u douaire ne en l'yretage de quoy il ara doué se femme ; ne li enfant de le nouvele femme n'aront riens en l'iretage de quoy le première femme fu douée : et ainssi est-il de tant de femmes qu'il prendra s'il a tant de yretages (1).

(On homme peut douer sa femme depuis son mariage si elle ne l'a pas été avant le mariage.)

Li homs poet bien douner se femme puis le mariage, et sera li douaire des conditions dessus dictes aussi bien que se il le dounoit à l'espouser ; mais que elle n'ait eu douaire à l'espouser, il converroit que elle se passast du douaire que elle aroit eu à l'espouser, car il ne li porroit mie acroistre sen douaire pour les fraudez qui y porroient estre pour les debtes et pour lez hoirz.

(On peut douer sa femme de son acquét et de ceux de la communauté.)

Sascuns poet douer se femme de s'aqueste qu'il ara faite aussi bien comme de sen hiretage et des acquestes qu'il feront ensanle.

(On peut, avec son consentement, douer sa femme de l'héritage à elle appartenant.)

Li hom peut douer se femme de sen consentement

(1) Voyez *Inst.* de Loisel, liv. 1, tit. 5, règ. 55.

del hyretage se femme aussi bien comme du sien;
et sera li douaires de toutes les conditions desseur
dictes aussi bien à le femme, pour che que li douaires
vient de sen hyretage, aussi bien comme il feroit à
l'omme par le rason de sen hyretage, si comme il est
par desseure dit.

(Si les époux y consentent tous deux, ils peuvent vendre l'héritage dont
est formé le douaire.)

Li homs et le femme poent vendre leur hyretage
de leur consentement. de quoy li douairez a esté fait,
jà pour débat que li enfant qui sont issu du mariage
y mèchent, ne le lairont, et sera la vente rechute (1).

VII. (Après la mort d'un des époux, ses biens sont partagés en trois portions : une part pour l'époux défunt, une autre pour le survivant et la
troisième pour les enfants.)

(L'héritage propre à l'époux défunt appartient aux enfants)

(Les biens meubles sont mis en la possession de la ville, à moins que le
survivant ne les prenne en garde en donnant caution suffisante.)

(Si les enfants ne voulaient rien prendre des biens confiés à la ville, ils
seraient quittes de la taille selon la valeur de leur argent.)

(Le père ou la mère seuls peuvent garder les deniers des orphelins.)

(S'ils meurent tous les deux, leurs meubles et leurs acquéts sont partagés
également entre leurs enfants, s'ils n'en ont disposé autrement.)

(Les père et mère héritent des biens meubles des enfants décédés, préféra-
blement aux enfants survivants.)

(Les héritages des enfants décédés retournent au côté d'où ils viennent.)

Si tost que li quelz que soit de l'omme et de

(1) Dans les *Coutumes locales d'Amiens*, publiées au seizième siècle,
il n'y a que trois articles sur le douaire évidemment tirés des dispositions
ci-dessus, mais tout ce qui se ressent du moyen âge a été supprimé. On
peut faire la même remarque pour toutes les autres dispositions dont alors
on conservait quelque ombre.

le femme va de vie à mort, si bien sont parti en III. :
et en a li mors le tierch, et le vif le tierch, et li enfant l'autre tierch, aussi bien I. que pluseur. Et s'il
y a hyretage qui viengne du costé cheli qui trespassés est, li enfant l'emporteront; ne chieus qui demourra en vie, soit li homs ou le femme, n'en ara
riens pour che qu'il ne vient de sen costé. §. Et
converra que li moeble soient mis en le main de
le ville, se li pères ou le mère qui en vie demourerra ne les veult avoir en warde. Et s'il les veult
avoir, il convient qu'il fache seur d'yretage, et si
souffissant que se li édefices qui seur l'iretage seroit, quéoit ou périssoit par aucune aventure, que li
fons de le terre vausist lez deniers; ou autrement il
n'aroit mie l'argent, et biens demourerroit en le ville
dusquez à tant que li enfant seroient aagié. Et se li
enfant n'en voloient prendre nulle bonté, il seroient
quite de le taille de tant comme à leur argent appartenroit. Ne ne poet nulz, tant soit prochains, warder
les deniers des orphelins fors li pères ou le mère. Et
se il va de vie à mort du père et de le mère sans faire
devis de tous ses moeblez et de ses acquestes, che qui
demourera qui ne sera devisé, esquerra à ses enfanz,
aussi bien à l'un comme à pluseur. Et s'il deffaut
d'aucun des enffans, li moeuble esquerront au père
ou à le mère qui sera en vie, ne n'esquera mie as enfans. §. Et li hyrtages des enfans esquerront au
costé de le part dont il leur est venus, car moeublez
sieut prochaineté, et hyretages sieut costé.

(Le douaire qui a été fait de l'héritage de la femme, retourne aux enfant ou à leur défaut à ses héritiers.)

(L'homme n'a point de douaire.)

Se le femme va de vie à mort, et elle a esté douée de sen hyretage, li douaires venra à ses enfans, aussi bien à l'un comme à pluseur ; et, se elle n'a enffans, elle venra à ses hoirs : §. car li douaires qui est fais del hyretage a le femme n'est mie de le condition, en chel cas, du douaire fait del hyretage del homme, car li homs n'a point de douaire (1), si qu'il ne le poet mie avoir puis le mort de se femme, car che n'est mie ses hyretages.

VIII. (Tous les biens quels qu'ils soient du débiteur des orphelins, sont obligés par privilége à l'acquittement de la dette à eux due, sauf cependant les obligations antérieures à ladite dette reconnûes valables.)

Se aucuns doit denierz à orphelin qu'ilz qui soit et il les ait rechus par le main de le ville ou par les amis, ou coiement que on n'en sache mot, par le coustume et l'usage de le chité, tout si bien soient moeuble, ou hyretage, ou acquéstez, sont obligié envers lez orphelins par devant toutes debtes ; s'il n'estoit ainssi que aucuns y fust assenés sousfissamment par le loy de le ville, anchois qu'il eust rechut les deniers des orphelins ; mais se par devant estoit fait, le première obliganche tenroit.

(1) Voyez les *Etablissements de Normandie* que j'ai publiés en 1829, page 64, al. 2 ; page 113, 1er arrêt ; page 121, 1er arrêt ; page 185, 5e arrêt ; le chap. 119 de *Vefveté de homme* de l'ancienne *Coutume de Normandie*, et ci-dessus jugé 15.

(Les enfants mariés du vivant de leur père ou de leur mère à condition
qu'ils se contenteront de la dot à eux donnée par mariage, ne peuvent
rien prétendre au surplus des biens de leurs parents quels qu'ils soient.)

Se aucuns hom et se femme marient aucuns de
leurs enfans et leur donnent de leurs biens, chil qui
sont marié au vivant leur père et leur mère ne poent
riens demander u remanant de tous les biens leur
père et leur mère soient moeuble ou hyretage, ou
acquestes, ne en l'iretage dont leur mère est douée,
s'il n'est ensi que le condicions du mariage ne soit
tele : que pour cose que il emporte ne quite, il (n'au-
ront) mie le remanant ; car toutes conditions de mariage qui sont faittes sans fraude font à tenir.   •

IX. (Les acquêts faits avant le mariage ou pendant le veuvage, et dont les parents ne disposent pas de leur vivant, appartiennent également à tous les
enfants nés de différents mariages.)

Se aucus homs et se femme acquièrent aucune cose avant qu'il soient marié ou en vevettés, et
il n'en fait devis, tout si enfant qu'il a eu par mariage
de quantes femmes che soit, ou le femme de quans
barons soient, li enfant marié ou à marier partiront
en ches acquestes aussi bien li uns comme li autres.

(Si une personne se marie contre le gré de ses parents et sans dot, elle par-
tagera par comte d'hoirs au décès de ses parents.)

Se aucune personne se marie outre le volonté sen
père ou se mère, et il n'emporte riens de leurs biens,
après les debtes du père et de le mère ou du quel que
soit qui morroit, il emporteroit se partie ès moeubles et
hyretages par conte d'oirs, et ès acquestez, se elles
n'estoient devisées, au tele partie comme li enfant à

marier aroient ; ne jà pour che s'il estoit mariés ne
lairoit qu'il n'eust se partie puis qu'il n'aroit riens
emporté à mariage des biens sen père et se mère.

(Enfant marié et doté depuis la mort d'un parent, prend sa part des successions qui lui arrivent de ses parents.)

Se aucuns ou aucune marie sen enfant puis le mort
du père et le mère, et li donne de ses biens, chiex qui
mariés est ne laira jà pour chou qu'il ne partisse à
che dont se mère ara esté douée et ès hyretages qui
venront du costé de chiaus qui seront trespassé, soit
ses pères ou se mère, pour che qu'il n'a mie esté
mariés du vivant de père et de mère.

(Les parents peuvent donner ou diviser inégalement leurs biens entre leurs
enfants, s'ils ont plusieurs héritages ; le douaire seulement sera partagé
également entre eux ; mais si chaque enfant ne peut avoir un héritage
pour sa part, ceux qui existeront seront partagés également entre eux.

Li homs ou le femme du consentement sen baron,
eu leur deerraine volenté ou à leur vivant, poent
bien de leurs hyretages, se il en ont pluseur, donner
à leurs enfans à mariage à l'un plus à l'autre mains,
et se il ne les marioient, se poent-il bien deviser leurs
hyretages à cascun se portion ; et se les portions valoient
miex l'une de l'autre, si convenroit-il qu'il fust tenus ;
mais l'iretage de quoy douairez seroit fais, ne poet estre
donnés que autant n'en ait li uns comme li autres de
tous les enfans. Mais, s'il y avoit si peu d'iretage que
cascuns n'en peust avoir un, il converroit que li hiretage fussent parti par conte d'oirs, autant à l'ainsné
comme au mainsné.

(Chaque enfant après la mort du père, hérite du douaire de la mère dont il est issu.)

(S'il meurt sans enfants, ses frères germains héritent du douaire.)

(A leur défaut, les frères consanguins et utérins.)

(Raison pourquoi les enfants des frères germains héritent du douaire de préférence à leurs oncles consanguins et utérins.)

(S'il s'agit d'héritage autre que de douaire échu à l'oncle ou à la tante décédés, leurs frères et sœurs du côté et ligne de l'héritage échu hériteront de préférence à tout autre.)

Se aucuns homs a enfans de pluseur femmes de mariage, li enfant emporteront cascun le douaire leur mère après le mort du père, aussi bien li I. comme pluseur. § Et se aucuns des enfans trespassoit sans hoir de se char de mariage, se esquéanche esquerroit à ses frères et à ses sereurs qui seroient yssu de se mère et engenré de sen père, ne li enfant des autres femmes n'i aroient riens. §. Mais se tout li enfant du premier mariage moroient sans hoir de leur char de mariage, ou sans hoir qui fust issus des frères ou des sereurs de mariage, li enfant qui seroient issu des autres mariages aroient l'esquéanche ou leur hoir tout de commun; et ainssi seroit-il du second mariage et du tierch et de tous les mariages ensievanz que li homs aroit. Et ensy seroit-il du douaire qui seroit fais del hyretages à le femme. Ne ne vous merveilliés mie se en chel cas, li niès qui seroit issus du frère ou de le sereur du père et de mère emportoit l'esquéanche de sen oncle ou de s'antain del hyretage qui seroit venus à sen oncle ou à s'antain par raison de douaire se mère, par devant le frère ou le sereur qui ne se—

roient mie de père ou de mère, car li niès ou le
nièche est issu du sanc de le char et de l'estoc du mariage de quoy li mariagez fu fais, et par raison du
douaire l'emporte il. §. Mais se li oncles on l'ante
avoient hyretage qui sanz cause de douaire leur fust
venus, et il trespassoient, l'esquéanche venroit à ses
frères et à ses sereurs qui li appartenroient du costé
del hyretage : §. et y partiroient tout de commun li
enfant qui seroient du costé del hyretage, aussi bien
chil qui n'en seroient mie de père et de mère, comme
li enfant qui seroient de père et de mère mais qu'il
appartenisse au costé. Ne li neveu qui seroient enfant des frères et des sereurs en tel cas n'aroient mie
l'esquéanche tant qu'il y eust frères ou sereurs.

(L'héritage de l'aïeul et aïeule échoit au petit-fils ou à la petite-fille issus
du fils ou de la fille de l'aïeul, devant le père ou la mère et les frères et
les sœurs de l'aïeul ou aïeule.)

L'Esquéanche du tayon et de le taye vient au neveu
ou à le nièche qui est issus du fil ou de le fille par devant le père ou le mère du tayon et par devant les
frères et les sereurs du tayon. §. Et ne vous merveilliés mie de che, car li niès ou le nièche sont issu de le
char et du sanc qui est issus du taion et de le taye et en
sieut li degrés, mais li tayons n'est issus fors du sanc
du père et (ou) de le mère; ne li frères ne les sereurs
ne sont issu fors du sanc et de le char dont il issi, or
n'estoient il fors du costé, sique par chez raisons, li
niès ou le nièche doivent emporter l'esquéanche du
tayon ou de le taye.

(En toute succession collatérale, tous les héritiers partagent egalement sans distinction de sexe ni de primogéniture, pourvu qu'ils soient de même degré de parenté et de même côté et ligne.)

En toutes esquéanches qui esquieent de promèche partist tant li homs comme le femme; et chil qui appartiennent du costé de le femme aussi bien comme del homme, mais que il soient tout en un point, aussi bien aisnés comme mainsnés. Nulz n'a esquéanche de nulluy, tant soit proismes se il n'est du costé dont li hiretages moent.

X. (Quiconque est propriétaire d'un mur, peut en jouir comme il l'entend, même y bâtir, mais ses voisins ne le peuvent à moins qu'il n'ait souffert leur jouissance pendant sept ans; et s'ils avaient prescrit pour appui des soliveaux ou des chevrons par exemple, ils ne pourraient user du mur pour autre servitude.)

Se aucuns a 1. hiretage de lès sen voisin et li murs est tout siens, il poent herbegier et prendre tout sen mur : Et se ses voisins se voloit aaiser du mur, il ne porroit, mais convenroit que il s'en soufrist, se chieus qui le murs est le contredisoit, et l'amenderoit chix qui le édefice aroit fait sur autrui hyretage. §. Et se chiex qui l'iretage est, souffroit que ses voisins s'aisast sur sen mur : fust de reposer ses entrebendes ou ses soliaus ou de ses caveronz ou aucuns aultres aaisemens, et s'en teust VII. ans ou plus, et en laissast sen voisin en le possession del aisement sans nul débat, li voisins ou ses hoirs gorroit à tous jours del aaisement; maiz u mur il ne se porroient plus aaisier. Mais jà pour che ne demourerroit que chiex qui li murs est ne se peust aaisier en toutes coses et édefier en sen mur, sauf che que il n'empirast de riens l'aaisement que ses voisins y aroit fait ; et autressi est-il des estelées.

XI. (On ne peut contraindre son voisin à placer une goutière sur son mur de cloture que lorsqu'on a édifice sur son fonds, ou lorsqu'on veut en faire un, ou lorsqu'on a des arbres à fruits.)

Se aucuns a aucun tenement dont les clostures soient sienes, et se severonde quièche en le terre sen voisin, ses voisins ne le poet contraindre que il noque tant que le terre soit wide là où le severonde quiet ; mais se il y avoit édefice, ou li voisins le voloit faire, ou il y eust arbres fruit portant ; il convenroit que chis qui le severonde seroit nockast et recheust l'iaue, et le feist cayr en se terre (1). *Amen.*

(1) Voyez *Inst.* de Loisel, liv. 2, tit. 3 ; Beaumanoir, chap. 24, pag 127, al. 2.

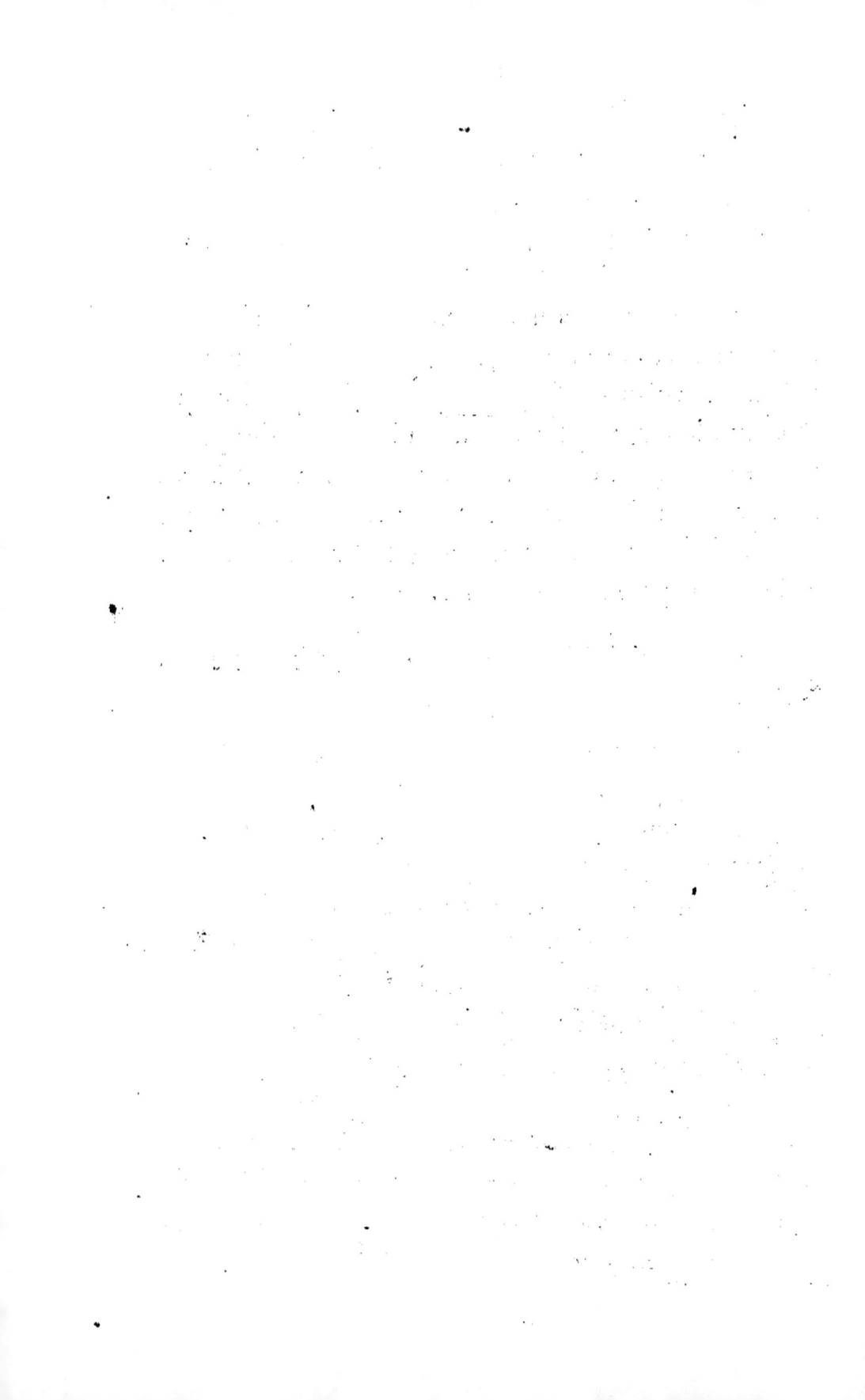

GLOSSAIRE

Pour le coutumier de Picardie du mss. 9822-3. de la Bibliothèque royale.

A.

AAGIÉ, majeur.

AAISEMENT, facilité, utilité, convenance, usage.

AAISIER (s'), s'aidér, user.

AATIR, disputer.

ABLAI, bleds coupés qui sont encore dans le champ.

AINÇOIS, au contraire.

ANIAUX, anneaux d'une chaine de fer.

ANSANLE, V. *Ensanle.*

A TORT, lorsqu'on dit qu'une personne a demandé ou fait une chose à tort, ou vous a fait à tort un procès.

AVEU, déclaration du vassal de ce qu'il tient de son seigneur. V. Le Glossaire de De Laurière à ce mot.

AVIS, portion de bien qu'un père assigne à ses enfants puinés, d'*avus.*

AVOUÉ, AVOUERIE, champion, action de nommer un champion.

AVOUÉ, chargé de procuration.

B.

BAE EN TROC, banqueroutier, je pense.

BAILLISTRE, sorte de tuteur.

BAN, bannir.

BANLIEUE, l'étendue de la juridiction d'une ville ou d'une prévôté.

BANNERET (chevalier), qui peut lever des soldats pour marcher sous sa bannière.

BANS, proclamations, ordonnances, édits, règlemens.

BARE, exception. Voyez à ce mot le Glossaire de De Laurière et celui de Du Cange.

BASINET, casque de fer très-léger fait en forme de bassin.

BEFFROY, grosse cloche.

BISSE, une biche, *bicca*.

BOUQUEZ (*Despens de*), frais de nourriture.

BOUQUEZ, bouche.

C.

CANES, mesures, règles, modèles, rôles d'imposition, régistres, tarif, bâtons à marquer (Roquefort).

CATEL, CHATEL OU CASTEL, biens meubles ou réputés mobiliers de quelque nature qu'ils soient. Voyez le Glossaire de Du Cange et le supplément de Carpentier. Boutciller dit, dans sa Somme rurale, liv. 1, tit. 74, p. 534 : *Cateux comprend meubles et immeubles, et tout ce qui n'est pas héritage.*

CAUCHIES, chemins, chaussées.

CAVERONS, chevrons.

CAVILLATION, ruse, chicane, détours, défense habile.

CAYR, tomber, de *cadere*.

CENSEL, cens.

CENSEUX, cens.

CENSIEVES (terres), chargées de cens.

CHEPIER, geôlier, gardien de cloches.

CHERQUEMANE, composé de cherche et de manoir, information faite pour connaître les bornes d'un héritage.

COMMANT, suppléant, substitut chargé de procuration, remplaçant, chargé de son ordre, de son commandement, *cum mandato, mandantis nomine agens*.

CONNISSAMENT, préalablement (échéance).

CONNISSANCE, CONNOISSAN-

CHE (dette venue à), dette échue dont le paiement est ou a été demandé à la justice; échéance de la dette.

CONNISSANLE, convenable, de *cognitio*, bien examinée, savante.

CONSEIL (jugement par), jugement rendu après avoir consulté.

CONTREMANDER, différer, remettre un ajournement à un autre jour.

CONTREMANDERRE, celui qui contremande de la part d'un autre (vallet).

CONTREMANS, excuse pour demander un délai, remettre une affaire à un autre jour certain. Voyez le Glossaire de la coutume de Beauvoisis par de la Thaumassière; et celui de De Laurière au mot *Contremand*.

CONTRESTANT, contestant.

CRÉAULE OU CRÉAUBLE, croyable, digne de foi, probable.

CUREUR, curateur, tuteur.

D.

DECHEPVANCHE, tromperie, surprise, de *decipere*.

DELOENQUEZ, dorénavant, par la suite, ensuite.

DEPERCHE, divise.

DÉSAGIÉ, mineur.

DESQUARKEUR, déchargeur.

E.

ENSANLE OU ANSANLE OU ASSANLE, ensemble.

ENSEMENT, toujours, aussi, ensemble, en même temps.

ENSOINES (essoines ou exoines), excuse pour maladie, absence ou autre empêchement légitime sans jour certain. V. Le Grand Coutumier, liv. 3, chap. 8. Du Cange, au mot *Sunnis*, et le Glossaire de la coutume de Beauvoisis par de la Thaumassière.

ENTENTION (s') ou S'ENTENTE, ce que l'on demande, sa demande. Acquerir s'entention, gagner son procès.

ENTREBANDE, pièce de bois qui en soutient deux autres.

ERREMENT. Voyez le Glossaire de De Laurière à ce mot.

ESCONDISSANT, d'éconduire, refusant.

ESCOUS, refus, rébellion.

ESHORS OU ESHEURS, cri pour demander du secours.

ESTAULÉS OU ESTAULIS, établis.

ESTELÉES (d'esteule; paille, chaume), peut-être les chaumières.

ESTOC, souche, tronc.

ESVARDEUR, surveillant, gardien, inspecteur.

ESWARD, règlement, statut.

F.

FILLASTRE, beau-fils, gendre.

FOEURE, paille, fourrage.

FORCHOILE, dissimule, fraude les droits.

FORJUREMENT, abandon volontaire, renonciation.

FORMORTAIRE, héritage qui arrive par mort.

FOURFAITS, confisqués.

FOURNIER, cuire son pain ailleurs qu'au four du seigneur.

FROC DE RUE (à), à une rue qui soit inculte, place inculte, lieu public commun à tous. V.

Ducange au mot *fraustum*. Les frocqs sont les rues, carrefours, places communes, flégards et autres lieux destinés à l'usage public, continuellement ouverts, et qui pour être conservés n'ont besoin ni de haies ni de fossés. Coutume de Ponthieu, par Delegorgue, tom. 2, pag. 25, art. 103. Coutume d'Abbeville, art. 18, 24, 26. Beaumanoir, chap. 25, pag. 151, al. 1er; il les appelle *frès*.

FROTÉ (avoit) *au jugement*, avait faussé le jugement.

G.

GENRE, gendre.

H.

HERBERGIER, loger, habiter.

HEUSES, bottines, chaussures.

HYRETAGE, héritage.

HYRETAULEMENT, héréditairement.

I.

INGAMMENT, également.

INTIMATION (ajournement fait avec), c'est-à-dire avec avertissement que faute de comparoir, on perdra sa cause, ou avec injonction de comparoir.

J.

JUGEURS, ils étaient différents des juges; c'étaient les hommes liges ou de poesté du seigneur, ou jurés, comme on dit maintenant. Les juges étaient les baillis, prevôts, châtelains, etc.

JUSTICHAULE, justiciable, soumis à la justice.

L.

LEVÉES, saisies.

LEVER, saisir.

LIGE (homme), vassal qui tient un fief de son seigneur, et lié envers lui par un serment, *ligatus*.

M.

MAREGLIER, MARGUELIER, marguillier.

MARQUIÉS, MARQUIÉES, marchés, conventions.

MARS, valeur qui répondait à celle de vingt sous.

MEFFAIRE (se), se rendre coupable d'une faute entraînant une peine.

MEFFAIS, les amendes ou peines encourues par la faute commise.

MORTE MAIN, gens de main morte, gens d'église, communautés, confréries, chapitres, colléges, villes, bourgs, bourgades, aumôneries, communautés, marguilleries, fabriques, et généralement tous les corps et communautés approuvés.

N.

NAUTOLE, coutume notoire.

NOQUER ou NOCKAT (de noquière, gouttière), apparemment placer une gouttière.

NOUVELLETÉ, trouble dans la possession de quelque chose, complainte possessoire intentée pour cause de nouvelle dessaisine. Voyez le Glossaire de De Laurière.

O.

OFFRE, OFFRIR AU PRISMES. Anciennement, lorsqu'on achetait un héritage propre au vendeur, et qu'on voulait s'en assurer d'abord la propriété, l'usage était de faire offrir par le vendeur l'héritage pour le même prix à ses plus proches parents; et si les parents ne le prenaient pas à cette condition, l'aliénation était bonne et ils ne pouvaient plus la contester.

ONQUES, jamais.

ORBEMENT, secrètement, en cachette, obscurément par voies illicites.

OTROIS, consentement, accord.

P.

PASIEULEMENT, paisiblement.

PASTICH, pâturages.

PIEÇA, depuis longtemps.

PLOIIER SEN WAGE, donner son gage. Voyez le Supplément de Du Cange par Carpentier, au mot *Plicare vadia, pignori ponere*.

POESTÉ, puissance; hommes de poesté, serfs, vassaux.

POURPOINTEL, robe, camisole.

PRAIEL, herbe.

PROISME, proismeche, de *proximus*.

PUCH, puits.

Q.

QUERQUIER, DESQUERQUIER, charger, décharger.

QUIÈCHE, tombe, egoutte, verse l'eau.

R.

RAPISTER, pag. 19, lig. 2, 3, c'est une faute, il y a dans le mss. *rapostir*.

RAPOSTIR OU RAPOESTIR, rapporter, reconduire; proprement remettre un criminel en la puissance de son juge.

RECREUE, rendue.

RENTAULE (terre), qui est chargée d'une rente annuelle, qui doit rente.

RESQUEUST, de *resquere*, recouvrer, dégager, reprendre.

RESTANQUENT, détruisent, chargent, écartent, détournent.

RETENIR, entretenir, réparer.

RETRAIRE (se), se retraire d'une personne d'une somme d'argent, la lui demander en justice.

RETRAITES, déclaration d'échéance de dette et de saisie faite devant le juge, pour laquelle le débiteur doit une amende.

S.

SANLLE, semble.

SANLLER, penser, croire, imaginer, sembler.

SAULIANS, solivaux.

SEROUGE, beau-frère.

SEVERONDE, la partie inférieure d'une couverture de maison ou mur, gouttière.

SUEUR, cordonniers.

T.

TERRAGE, *prestatio quœ domino fundi exsolvitur pro facultate acquirendi terram seu predium.* Voyez Du Cange à ce mot. Terrage ou champart c'est le droit de gerbe de blé et légumes que le seigneur de la terre prend sur le champ avant que le laboureur enlève son blé. V. De Laurière, Glossaire, au mot *Champart*.

THIERCH JOUR EN TIERCH JOURS, TIERCAINES. Par ces mots ou entend les ajournements à trois briefs jours contre les delinquants. Voyez Coutume de Ponthieu par Delegorgue, art. 156, 157, 158; locale d'Abbeville, art. 56.

TIERC DE MAIN (jurer li) faire jurer trois personnes.

TRÈS, dès.

U.

U, pour au, proposition, ou pour où adverbe de lieu.

W.

LE W est presque toujours employé pour un G.

WAIDES (li) ou WAITES, gardiens, guides, inspecteurs qui font le gué, garde, sentinelle.

WAIGNERIE, GAIGNERIES, jouissance des fruits de la terre, jouissances des terres mêmes que l'on cultive; ou plutôt l'action de cultiver les terres (culture), la jouissance de cette action. Voyez le Glossaire de De Laurière au mot *gagnage*.

WAITE, garde, sentinelle.

WANTELÈS, gantelets.

WERS, abandon, cession.

TABLE ALPHABÉTIQUE

DES NOMS DE PERSONNES ET DE PAÏS.

(Arr., arrondissement ; c., canton ; h., habitans ; élect. , élection ; intend. intendance ; p., page de l'ouvrage.)

A.

ABBEVILLE (Somme) , c. - l. d'arr. , 19,162 h. , 10 l. d'Amiens, 58 de Paris, s.- préf. , trib. civil et de comm. , fabriq. et manuf., ancienne capitale du Ponthieu.

ABBEVILLE (le sire Pierre de), p. 96.

ADENS ou ASDENS (Ricart), p. 24, 25.

ALLY, p. 2. Baronnie au-dessous d'Amiens, je crois qu'il s'agit plutôt d'Ailly-le-Haut - Clocher, arr. d'Abbeville, 1,262 h.

AILLY (Robert d'), p. 15. Maison aujourd'hui éteinte. La terre d'Ailly est entrée par les femmes dans celle d'Albert. V. La Henriade, chant 8.

AILLY, MAILLY, CRÉQUI, Tels noms, telles armes, tels cris.

AISENVILLER , p. 2.

ALLEGRINE, TIEFFAGNE, p. 89.

AMIENS (Somme), préfecture, cour royale, ancienne capitale de Picardie , 45,000 h. , 30 l. de Paris.

ARAINES ou AIRAINES, bourg , arr. d'Amiens, c. Mollien-Vidame, 1,930 h., p. 54.

Près de ce bourg existe une église rappelant l'architecture du dix ou onzième siècle. Il y avait deux châteaux forts, dont il ne reste que deux tours à pans coupés, de l'un d'eux.

ARBROIE (l'). V. Larbroie et Labroie.

ARGUEL , arr. d'Amiens , c. d'Hornoy, jadis intend. d'Amiens, élec. d'Abbeville, 104 h., p. 46, 51.

ARRY, arr. d'Abbeville, c. de

BRIMEU (Brimeux), Pas-de-Calais, arr. , Montreuil - sur-Mer, c. Campagne-les-Hesdin , 660 h.; anciennement intend. et présidial d'Amiens, p. 8.

BRIMEU (Alliamme, Pierre et le seigneur de), p. 8. 14, 60.

BROECOURT (Bauduis de); p. 75. Brocourt, Somme, arr. Amiens, c. Hornoy, 177 h., près Poix, jadis intend. d'Amiens, élect. d'Abbeville.

C.

CACHE—CORNEILLE , vers· la porte Saint-Gile, à Abbeville, p. 97.

CACHELEU (Alliamme), p. 54. — (ENGLÈS), p. 10.

CAISNEL (Jean, Thomas), p. 90.

CAISNOY (Jehan de), p. 6. — Caine en Picardie , intend. et élect. de Soissons, à présent arr. Compiègne, c. Noyon, 875 h.

CALENGIES (les), p. 84.

CAMBERON (le seigneur de... et Raoul de), p.22,25.—Cambron, Somme, arr. Abbeville, 954, h.

CAOURS (Guerart de), p. 104. —Caours-les-Prez, Aisne, arr. Saint-Quentin; c. Saint-Simon, 422 h., anciennement intend. d'Amiens , élect. d'Abbeville , à 2 l. de cette ville.

CASTRES (Jean de) , p. 74, 72, 82. — Castres dans la Picardie, intend. de Soissons , élect. de Noyon, aujourd'hui Aisne, arr. Saint-Quentin, c. Saint-Simon, 422. h.

CAUBERC (Colart, Agnès et Fremin de) , p. 8, 20, 28, 29. —Somme , commune de Ma-

reuil, 260 h·;, près Abbeville , jadis intend. et élect. d'Abbeville.

CAUCHI (Jaquemine et Jean de·), p. 48. — Cauchy, Somme , arr. Abbeville, c. Nouvion-en-Ponthieu, 520 h., jadis intend. d'Amiens, élect. d'Abbeville.

CAYEU, p. 6, 8. — Cayeux, intend. et élect. d'Amiens, port de mer, aujourd'hui Somme, arr. d'Abbeville, c. Saint-Valeri-sur-Somme, 2,549. h. — Autre, intend. d'Amiens, élect. de Montdidier, aujourd'hui Somme, arr. Montdidier, c. de Moreuil, 267 h.

CERCHI, p. 57.

CHASTILLON (Robert de), p. 4. — Sur-Oise, Aisne, arr. Saint-Quentin , c. Moy, 291 h.

CLABAUT (Pierre), p. 59, 104.

COMPOS (Nouviaus), p. 104.

CORDELIER (Robert , Pierre et Pérotte), p. 27, 40, 89.

COSTE (Jehan), p. 5, 14, 21.

COUR DE FRANCE , p. 7.

CREPIEUR (Jeanne et Ernoul de), p. 87. — Crepieut dans l'Artois, intend. d'Amiens.

D.

DECALION (Jean), p. 29.

DELESSART (Englès), p. 10.

DESPES (Bourgeois), p. 26.

DOMPÈRE, p. 5. Dompière, intend. d'Amiens, élection de Montdidier. — Dompierre d'Adicourt et Cressy, arr. d'Abbeville , c. de Crécy, 1124 h , autrefois intend. d'Amiens, élect. de Doulens. — Dompierre et Bussu, arr. Péronne, c. Chaulins, 659 h , autrefois intend.

p. 27, 105. — C.-l. de c., arr. des Andelys, 5,535 h.

GODEFROI DU PONT-DE-REMI, p. 54, 58, 41, 42. 45.

GOULLE (Guillaume), p. 14.

GROUMONT (Berthemieux), p. 52.

GUERIN DE BIAMAY, p. 54.

GUILLEBELÉE (Jean), p. 9.

H.

HAIRONVAL OU HAIROUVAL (le seigneur de, ou William de), p. 55, 51.

HALENCOURT, p. 71.—Halincourt et Rainville, intend. d'Amiens, élect. d'Abbeville; ce bourg est fameux par une épitaphe abrégée de l'aventure singulière d'une femme qui eut une fille de son propre fils, qui devint lui-même l'époux de cette même fille :

Ci-gist le fils, ci-gist la mère,
Ci-gist la fille avec le père,
Ci-gist la sœur, ci-gist le frère,
Ci-gist la femme et le mari,
Et n'y a que trois corps ici.

HALENCOURT (Wautier Licas de), p. 55.

HAMEL (Englès de), p. 70.— La famille des du Hamel de Picardie subsiste encore et porte aujourd'hui le titre de comte.— Intend. et élect. d'Amiens, aujourd'hui arr. d'Amiens, commune de Corbie, 960 h.—Autre commune de Dreuil, près Airaines. — Autre commune de Ponthoise, 165 h.—Autre commune de Tincourt-Boucly, 90 h.

HAUTE-FOELLE (Bernart), p. 70.

HELUI (Robert), p. 15.

HENART (Jean), p. 77, 79, 90.

HENRI II, roi d'Angleterre, p. 16.

HOMINE DE BIENCOURT, p. 48.

HOQUELLUS (Pierre de), p. 18.

HOQUET, p. 157.

HOUDENC (seing. de), p. 16.— Houden, Somme, commune de Tours, 166 h., près Valines. — Intend. d'Amiens, élect. d'Abbeville.

HUELIN (Jean) de, p. 46.

HUIERMONT, p. 52. — Hiermont, arr. d'Abbeville, c. de Créci, 458 h., jadis intend. d'Amiens, élect. d'Abbeville.

HUIERMONT (Bridous de), p. 56.

HUPPY, p. 10, arr. d'Abbeville, c. Hallencourt, 899 h., jadis intend. d'Amiens, élect. d'Abbeville.

HURTAUT (Colart), p. 47.

I.

INBAT (Guille et Fremin), p. 4.

J.

JEANNE, comtesse de Bourgogne, p. 77.

K.

KAISNEL (Pierre), p. 34.

L.

LABROIE, p. 76. — Laboye et Baussicourt, intend. d'Amiens, élect. d'Abbeville, bailliage de Créci, 416 h. — Je pense que c'est à la porte d'un château qui était situé dans cette commune, à une lieue environ de Créci, que vint frapper Philippe de Valois après la bataille de ce nom : « Lors chevaucha tant le roi, dit « Froissard, qu'il arriva au châ- « tel de l'Arbroie... Le roi dit au « châtelain (Jean Lessopier dit « Grand Camp) : Ouvrez, ou- « vrez, c'est l'infortuné roi de « France. » Et non pas la for- tune de la France, comme on l'a dit ensuite plus poétique- ment.

M.

388 h., autrefois intend. d'A-
miens, élection d'Abbeville.

MAHIEU (Jean le fils), p. 98,
100.

MAILLART DU HAMEL, p. 56.
MAINNES (William de), p. 18.
MANESSIER DE FERIEUES, p. 45.
MARGUERITE, fille de Louis VII
p. 16.

MAROEIL, p. 10. — Mareul,
arr. et c. d'Abbeville, 855 h.,
autrefois intend. d'Amiens, élec
tion d'Abbeville.

MAROEUL (Pierre de), p. 15.
MAROIE (demoiselle), p. 28.
MARTIN (Saint), p. 52.
MELLIERSART (Adam de), p. 55.
MENTENAI (Colart de), p. 27.
MIKELET LE POULETIER, p. 46.
MILET (Baudin), p. 86.
MILEVILLE (Jean de ', p. 46.
MONCIAUS (Jean de), p. 12.—
Monceau-le-Neuf, Aisne, arr.
Vervins, c. Sains, 641 h. — Mon-
ceau-le-Vieil, comm. de Cheve-
sis-le-Meldeux, 16 h., ancien-
nement de la Picardie, intend.
de Soissons, élect. de Laon.

MONTIGNI (Jean de), p. 55.
— Arr. Amiens, c. Villers-Bo-
cage, 528 h., autrefois intend.
Amiens, élection Montdidier. —
Autre, arr. Doulens, c. Berna-
ville, 514 h., jadis intendance
Amiens, élect. Doulens. — Autre,
comm. de Nampont, 200 h., autrefois intend. Amiens, élect. Abbeville.

MOURDRE (Jean), p. 23.

N.

NORMANDIE, p. 16.
NOTRE-DAME (Jehan de), p. 55.

O.

OFFICIER (Fremin l'), p. 58.
OISEMONT, p. 14, 96. — Mont
d'Esus ou Hesus, le dieu de la
guerre, chef-lieu de canton, arr.
Amiens, 1077 h., autrefois dans
le Vimeu, intend. Amiens, 4. l.
d'Abbeville, 9 d'Amiens, 50 de
Paris. Ce fut en ce lieu que Go-
bin Agace, traître, indiqua à
Édouard III, roi d'Angleterre, le
gué de Blanche Taque sur la
Somme. V. Froissart, liv. 1, ch.
278.

OISEMONT (le fils Martin É-
douart de), p. 96.
OISENCOURT, p. 48.

P.

PALLET DE NOULLI (Jean), p.
48. — Neuilly-l'Hôpital, arr. Abbeville, c. Neuvion en Ponthieu,
412 h.

PARIS, p. 127.
PARLEMENT DE PARIS, p. 5, 7.
PAUCHET (Guérandin et Eu-
vrat), p. 15, 58.
PERCHEVAL, p. 57.
PEREURS (La Rue As), p. 96.
PESEL (Jean), p. 29, 59.
PETIT (Pierre), p. 4.
PHILIPPE-AUGUSTE, p. 16.
PIERRE (St.). St. Paul, p. 55.
PINÇON BERNARD, p. 64.
PIPPEREL (Jacquet), p. 70.
PIQUETIN (Baudouin de), p. 80.
PLATEL, p. 5.
POIS (le seign. de), p. 15, 96.
POIX, chef-lieu de canton,
arr. d'Amiens, 986 h. Ses pre-
miers seigneurs, du nom de Tirel,
se qualifiaient princes de Poix;
cette ville avait été érigée en

duché-pairie, en faveur de la maison de Créqui-Blanchefort, en 1652.

PONCHEL (Colart de), p. 15.

PONCHEL (le), Pas-de-Calais, arr. Saint-Pol-sur-Ternoise, c. Auxi-le-Château, 451 h.

PONCHES (seign. de), p. 59. — Intend. d'Amiens, élect. d'Abbeville, lieu ancien mentionné dans les itinéraires sous le nom de *Pontis*, frontière de l'Artois. — Ponches-Estruval, arr. d'Abbeville, c. de Créci, 255 h.

PONT-DE-REMI, p. 45, 55, 72, 74, 84, arr. d'Abbeville, c. d'Ailly-le-Haut-Clocher, 912 h., autrefois intendance d'Amiens, élect. d'Abbeville, a appartenu longtemps à une branche de l'illustre maison de Créqui, si connue dans la guerre des Anglais. Son château gothique mérite d'être vu.

PONTHIEU, basse Picardie, entre la Somme et la Canche, aujourd'hui département de la Somme.

PONTHIEU (Jean de), p. 52.

PONTHIEU (le sire de... le comte de Ponthieu, roi d'Angleterre), p. 23.

PONTOILES, p. 82. — Pont-Noyelles, arr. d'Amiens, c. de Villers-Boccage, 607 h. Pontoille et sa banlieue étaient régis par la coutume de Ponthieu, selon Delegorgue.

POPPIOT (Marguerite), p. 59.

POPPIOT (Marguerite), p. 42.

PUCH, p. 32.

PUCH DE BERNASTRE (Jeannot du), p. 52.

Q.

QUEVALVILER (Jean de), p. 72. — arr. Amiens, c. Mollien-Vidame, 1248 h. autrefois, intend et élect. d'Amiens.

R.

RAINGART (Fremin), p. 70.

RAULET LE TONDEUR dit Dolaieus de Oisemont, p. 48.

RENIER DE HAUGARD, p. 57.

RIQUEBOURG, p. 157. — Marquisat dans l'Artois, intend. d'Amiens; gouvernance d'Arras, bailliage et recette de Saint-Pol.

ROBUSTEL (Vincent), p. 70.

ROSIERE (sire de la), p. 55. — Ferme près Rocquigny.

ROUSSEL (Fremin, Jacques et Jean), p. 2, 59, 70.

ROYE (Mathieu de), p. 7. — Chef-lieu de c., arr. de Montdidier, 5, 656 h., autrefois comté dans la Picardie, intend. Amiens, élect. Montdidier, prévôté et bailliage. On la prend pour l'ancienne *Rodium*, ville de la Gaule Belgique; elle a donné son nom à une maison illustre, fondue dans celle de la Roche-Foucault.

RUE, p. 50, 51, 59, 52, 66, 67, 69, 77, 79. — Chef-lieu de c. arr. Abbeville, 1770 h., autrefois intend. d'Amiens, élect. d'Abbeville, baill. royal. Voyez ici dans la description du département de la Somme par MM. Dusevel et Scribe, (Amiens, 1836, 2 vol. in-8°), l'intéressante histoire d'Adèle de Ponthieu qui, déshonorée par des voleurs malgré la défense héroïque de son époux, fût enfermée dans un tonneau par son père Jean II, comte de Ponthieu, et lancée à la mer ; recueillie par un navire flamand, elle fut rendue à son époux Thomas de Saint-Valery, seigneur de Dommard, et passa le reste de sa vie dans de pieuses austérités.

RUE (Jean de), p. 46.
RUIELE (Pierre de la), p. 82.

S.

SAINT-PIERRE, p. 28.
SAINT-RIQUIER, p. 2, 12, 37, autrefois intend. et présidial d'Amiens, élect. de Doulens, sur le Scardon, prévôté royale : remarquable par sa célèbre abbaye dont Angilbert gendre de Charlemagne, fut abbé. Hugues Capet sur une vision qu'il eut de saint Riquier, fut chercher lui-même sur ses épaules à Montreuil, les reliques de ce saint qui y avaient été transportées par suite de l'invasion des Normands. Voyez l'ouv. de Dusevel, tom. 1er, p. 66.
SAINT-VALERY, arr. d'Abbeville, chef-lieu de c., 5,265 h., autrefois intend. et élect. d'Amiens, amirauté ; à l'embouchure de la Somme, dans le Vimeu dont il était la capitale, p. 2, 3, 4, 9.
SANSE (Aelis), p. 64, 65.
SAUCHOI (Gille du), p. 70. — Sauchay ou Sauchoy, intend. et élect. d'Amiens — le Saulchoy, commune de Clary, 8 h., proche Amiens. — Saulchoy-sous-Poix, arr. d'Amiens, c. de Poix, 85 h.
SAUCHOIS (Robert de), p. 70.
SEIGNEVILE, p. 8, arr. d'Ab-

beville, canton Saint-Valery-sur-Somme, 487 h.
SOREL (Robert de), p. 55. — Intend. d'Amiens, élect. d'Abbeville. — arr. d'Abbeville, c. Halencourt, 504 h., près Airaines. — Autre, arr. Péronne, c. Roisel, 684 h.

T.

TIREL (Wautier), 70. V. Poix.
TOEUFLES (seign. de), p. 8. — Arr. Abbeville, c. Moyenneville, 631. h.
TOFFURLET (seign. d), p. 15.
TRAULLET, p. 48.
TUELEU (Jean), p. 9.

V.

VALMES (William de), p. 93.
VENDEUIL, Aisne, arr. Saint-Quentin, c. Moy, 1519 h. — Vendeuil - Caply, Oise, arr. Clermont, c. Breteuil, 656 h., autrefois intend. d'Amiens, élection de Montdidier.
VENDOEL (mad.). p. 7.
VERMANDOIS, p. 7, pays dans la Picardie, réuni à la couronne en 1164, aujourd'hui département de l'Aisne.
VIEU (Robert de), p. 58.
VIEULAINE (Robert de) p. 64. — Commune de Fontaine-sur-Somme, 457 h., près Airaines, autrefois intend. d'Amiens, élect. d'Abbeville. p. 37, 54, 61.
VIGNE L'EVÊQUE (la), p. 157.
VILLENEUVE (William de), p. 27.
VILLEROYE, p. 14. — Arr. Amiens, c. Orsemont, 574 h., autrefois intend. Amiens, élect. Abbeville.

VILLERS (Hue de). p. 104. — Villers - sous - Ailly, arr. Abbeville, c. Ailly-le-Haut-Clocher, 602 h.; — Villers-sous-Authie, arr. Abbeville, c. rue 554 h.; — Villers sous-Mareuil, commune de Mareuil, 240 h., près Abbeville.

VIME (Jean de), p. 15.—(Seig. de... Thiebaud de...) p. 35, 54, 58, 104.

VIMEU, p. 1, 6, 11 ; pays faisant partie de la Basse-Picardie, compris entre la Somme et Abbeville au nord et la Bresse qui la sépare au sud de la Normandie, ainsi nommé à cause d'une rivière qui a sa source au village de Visme

VINCHENOEUL (Henri de), p. 28.

VISME, arr. Abbeville, c. Gamaches, 584 h.

W.

WALLANDE (Isabelle de), p. 14.

WAUDRICOURT (William, le seig. de... et le bailli de), p. 8, 30. — Pas-de-Calais, arr. Béthune, c. Houdain, 519 h., autrefois intend. d'Amiens, baill. et recette Béthune.—Autre Somme, commune de Montagne, près Airaines. — Autre arr. d'Abbeville, c. Ault, 576 h., près St-Valery-sur-Somme.

WAURANS (Adam de), p. 60. —Dans l'Artois, intend. d'Amiens, gouvern. d'Arras, aujourd'hui Pas-de-Calais, arr. St-Omer. c. Lumbres, 744 h.—Autre arr. et c. St-Pol-surTernoise, 226. h

WERIEL (Asses de), p. 75.

WILLECOE DE BAILLEUR, p. 48.

WINRENC, p. 37.

WIOT DE VIME (la fille), p. 67.

Y.

YRECHON (Denis de), p. 11. —Hirson, Aisne, sur l'Oise, ch.-lieu de c., arr. de Vervins, à 41. de cette ville, 2718 h.

TABLE DES OUVRAGES.

TABLE ALPHABÉTIQUE DES MATIÈRES.

(Elle renvoie principalement aux titres que nous avons faits. V. *Voyez* P. page)

ADDITION ET ERRATA.

Pag. 2, lig. 5. *X L. libres*, lisez *L X libres.*

Pag. 19, *rapister*, lisez : *rapostir.*

Pag 48. Ajoutez à la note de cette page : *V. Beaumanoir, chap. 50, page 160.*

Pag. 67, lig. 11. *Que l'on en ait*, lisez: *Que l'on n'en eut.*

Pag. 68, lig. 24. *Vienarius*, lisez: *Vicuarius.*

Pag. 56, juge 64. Ajoutez à la note 3 : *V. Beaumanoir, chap. 50, p. 156, al. 5.*

Pag. 145, ligne dernière : *donroit on*, lisez : *donroit-on.*

Pag. 150, lig. 16. Il y a bien dans le manuscrit *consillier*, mais je pense que c'est une faute de copiste et qu'il faut *conseiller.*